다!

이병민 지음

노사협력보다 '**각자균형**'이 먼저다!

균형일터

초판 1쇄 인쇄 2020년 05월 19일
초판 1쇄 발행 2020년 05월 26일

지은이 이병민
펴낸이 최익성
편집 송준기
마케팅 임동건, 임주성, 김선영, 강송희, 홍국주
마케팅 지원 황예지, 신원기, 박주현
경영지원 이순미, 신현아, 임정혁

펴낸곳 플랜비디자인
디자인 올컨텐츠그룹

출판등록 제2016-000001호
주소 경기도 화성시 동탄반석로 277
전화 031-8050-0508
팩스 02-2179-8994
이메일 planbdesigncompany@gmail.com
ISBN 979-11-89580-32-2 03320

※ 이 도서의 국립중앙도서관 출판예정도서목록(CIP)은 서지정보유통지원시스템 홈페이지(http://seoji.nl.go.kr)와
  국가자료종합목록 구축시스템(http://kolis-net.nl.go.kr)에서 이용하실 수 있습니다. (CIP제어번호 : CIP2020019045)

노사협력보다 '각자균형'이 먼저다!

균형 일터

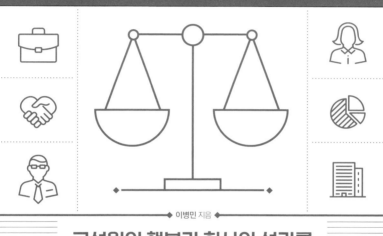

◆ 이병민 지음 ◆

**구성원의 행복과 회사의 성과를
높이기 위한 현실적 접근법**

PlanB
DESIGN 플랜비디자인

균형일터에서 일하고 싶다

구성원과 경영자 간 거리는 멀어지고

제가 처음 사회생활을 시작했을 무렵에는 "취업 = 회사에 다닌다."라고 생각했습니다. 그러나 요즘은 전통적인 회사 이외에 소규모 사업을 하는 자영업자, 프리랜서 등 다양한 형태의 노동자와 경영자가 생겨났습니다. 또한 원격 근무가 점차 확산되면서 굳이 출퇴근을 하지 않아도 되는 사람들이 늘어나고 있습니다. 따라서 취업을 "회사에 다닌다."라고 하는 것보다 "일을 한다."라고 말하는 것이 보다 어울릴 것 같습니다. 시간적인 측면에서도 근로시간이 짧은 단시간 노동자(알바)가 늘어났고, 한 회사에서 오랫동안 머무는 경우를 찾아보기가 어려울 정도로 근속기간이 짧아졌습니다.

　이와 같이 다양한 노동환경의 변화는 구성원과 경영자의 생각에도 적지 않은 영향을 미치고 있습니다. 과거의 고용관계가 구성원의 충성과 경영자의 배려에 기초하였다면 이제는 '노동 상품의 판매와 구매 관계'로 제한적으로 인식하려는 경향이 확산되고 있습니다. 신뢰가 없는 거래관계에서는 가격 흥정(잦은 임금 조정)이 빈번하고, 제품에 대해 컴플레인(괴롭힘)을 하거나, 반품을 요청(해고)하는 장면이 자주 목격됩니다. 한마디로 일터에서 인간성을 찾아보기가 어렵게 되었습니다. 그렇다면 변화하는 시대의 흐름 속에서 구성원과 경영자는 무엇을 해야 할까요?

사회구조를 바꾸기위해 혁명을 도모할 것인가? 아니면 방관만 하고 있을 것인가? 저는 이념적 투쟁을 전개하기에는 너무 소심하고 현실을 외면하려 하니 마음이 편치 않습니다. 그래서 제3의 새로운 접근방식을 찾아보려 합니다.

나부터 시작하는 변화, 각자 균형

최근에 '노사정 사회적 대타협'이 시도되고 있습니다. 사회적 합의가 가장 이상적인 모습이지만, 이는 관념적인 구호로 그칠 수 있고 대중이 공감할 수 있는 결과물이 나오기까지 상당한 시간이 필요해 보입니다. 그렇다면 지금 당장 할 수 있는 것은 없는 것일까요?

노사가 각자의 일과 사업의 의미를 돌아보고, 상대방과 눈높이를 맞추기 위한 준비를 해야 합니다. 거창하고 물리적인 대타협보다는 각자의 현재 위치에서 균형을 맞추는 과정이 선행되어야 합니다. 여기서 '노'는 집단적 개념인 노동조합이 아니라 개인적 차원의 노동자(구성원)를 뜻합니다. 과거에 노사관계는 노동조합과 사용자의 관계로 인식되는 경향이 있었습니다. 그러나 노동조합이 전체 노동자를 대변할 정도로 결속력을 지니고 있지 못할 뿐만 아니라 정규직 vs 비정규직, 남성 vs 여성, 청년 vs 장년 등 다양한 구성원 간의 차이를 해결하는데 한계를 보이고 있습니다. 결국 개별적 구성원 스스로가 주도권을 가지고 균형을 맞춰야 합니다.

인간성과 관계의 회복이 궁극의 목표다

"사람이 미래다." 어느 기업의 광고 카피입니다. 그러나 해당 기업은 이후 신입사원까지 희망퇴직을 실시하여 여론의 뭇매를 맞았습니다. 정부, 기업 할 것 없이 '사람(People)'이 가장 우선이라고 말합니다. 그러나 우리의 일터에는 인간성을 상실한 '인력(Manpower)'만이 일하고 있습니다. 저자가 들어본 단어 중 가장 섬뜩한 단어가 헤드헌터(Head Hunter)라는 말입니다. 삭막한 일터에서는 사람의 머리만 보이고, 마음이나 감정 등은 관심대상이 아닙니다.

세계경제포럼(WEF)에서 발표한 2019년 한국의 (국가)경쟁력 순위는 13위, 같은 기관에서 발표한 2019년 한국의 (노사)협력 순위는 130위 유엔 산하 지속가능발전해법네트워크(SDSN)가 공개한 2019년 우리나라(국민)의 행복 순위는 54위로 나타났습니다. 노사가 발목을 잡다 보니, 애써 노력한 결과가 국가 → 기업 → 개인차원으로 연결되지 못하고, 국가 경쟁력이 반 토막이 나 버렸습니다. 이제는 경제 주체자로서 개인이 각자 균형을 통해 일터에서 인간성과 관계를 회복해야 할 시점입니다.

어느 영화에서 나오는 대사입니다. "국가란 국민입니다." 또한 헌법 제32조 3항에 "근로조건의 기준은 인간의 존엄성을 보장하도록 법률로 정한다."라고 규정하고 있습니다. 이제 개인의 연기된 행복을 되찾기 위해서 일터 내에서 구성원들이 각자 균형을 잡아야 합니다.

균형은 상대적이며, 진행형이다

구성원과 경영자의 균형이 맞춰지면 갈등이 줄어들고 협상의 가능성
이 커질 것으로 기대합니다. 그러나 양 극단에 서 있는 이들에게 저
자의 주장은 선명성이 떨어지는 회색주의로 비칠 수 있습니다. 또
한 중립적인 위치에 있는 이에게도 저자의 시각이 '정 중앙'인지에 대
해 의문을 제기할 수 있습니다. 앞으로 펼쳐지는 이야기는 저의 개인
적 경험을 토대로 형성된 주관적인 균형점입니다. 때로는 노동자로서
때로는 경영자나 노무사로서 보고 듣고 느낀 것을 정리하면서 나름대
로 편견을 배제하려고 하였으나, 타인의 시각과 차이가 날 수 있습니다.

그러나 '균형'이라는 의미는 대립적 존재 사이에서 절충, 조정, 공
존 상태뿐만 아니라, 이를 위해 나아가는 노력을 포함하는 개념입
니다. 저는 이상적인 결과물보다는 구성원들의 공감을 이끌어 내는,
균형으로 가는 과정에 초점을 맞추고 싶습니다. 결국, 일터에서 균
형은 상대적이므로, 주어진 상황에서 각자 균형을 맞춰야 합니다.

끝으로, 저의 인생 첫 출간을 흔쾌히 받아주신 플랜비디자인과 지
난 몇 개월간 저만의 주말을 허락해 준 가족에게도 고마운 마음을
전하고 싶습니다.

2020년 봄을 기다리며
이병민

제2장
구성원의 균형잡기

관계 맺기

함께 일하기

웃으며 헤어지기

제1장
일터의 균열과
균형으로 가는 길

일터에서 나타나는 균열 현상

실례지만, 사내에 행복하신 분 계신가요?

◆

경영자의 속마음

요즘 뉴스를 보면 Good News가 없습니다. 뉴스를 보지 않는 것이 정신건강에 좋을 것 같다는 생각까지 듭니다. 특히 경제와 관련된 뉴스는 사상 최악입니다. 언제 경기가 좋았던 시절이 있었던가 싶을 정도로 비관적인 소식이 이어지고 있습니다. 이러한 소식을 접할 때마다 경영자는 불안감을 떨칠 수가 없습니다. 대표자는 구성원들에게 건전한 긴장감을 불어넣기 위해서 조회를 소집하였습니다. 그런데 조회 중에 꾸벅꾸벅 졸고 있는 구성원이 눈에 띄었습니다. 대표자는 처음 의도와 달리 과격한 단어를 사용하며 구성원들에게 엄포를 놓습니다. 잘해보려고 시작했는데 분위기만 싸늘해졌습니다. "이럴 바에는 차라리 조회를 하지 말 것을 그랬다"라는 생각이 듭니다.

구성원의 속마음

어제는 정해진 납기를 맞추기 위해서 밤 늦게까지 야근을 했습니다. '저녁이 있는 삶'이라는 얘기가 나오고 있지만, 생존이 최우선인 중소기업의 구성원에게는 공허하게 들립니다. 게다가 어제 일을 마치고 치러진 회식의 여운이 가시기도 전에 사장님이 조회를 소집했습니다. 사장님의 말씀을 듣고 있는데 생각보다 얘기가 길어집니다. 눈이 스르르 감기려고 하는 걸 꾹 참았습니다. 그러나 절대로 졸지는 않았습니다. 사장님의 조회사는 교장 선생님의 훈화와 동급입니다. "이런 조회는 왜 하나?"라는 생각만 듭니다.

이는 가상의 이야기지만 우리 주변 어딘가에 있을 법합니다. 언제까지 사업을 운영할 수 있을지 모를 불안한 경영자와 언제까지 버틸 수 있을지 알 수 없는 피곤한 구성원이 공존합니다. 구성원이나 경영자 모두 몸과 마음이 힘든 상황입니다.

몇몇 기업에서 비전이나 인재상 도출 워크숍을 진행한 적이 있습니다. 업종이나 규모는 제각기 달랐지만, 일하는 궁극적인 목적은 구성원과 고객의 '행복'으로 모아지는 경우가 많았습니다. 새벽녘에 졸린 눈을 비비고 만원 지하철에 몸을 던지는 이유도, 듣기 싫은 소리나 하기 싫은 말을 해야 하는 이유도, 전날 회식의 숙취가 풀리기도 전에 보고서를 마무리해야 하는 이유도 결국은 나와 가족의 행복을 위해서가 아닐까요?

‘행복’이라는 목적을 달성할 수만 있다면 회사 내에서 어느 정도의 희생은 있을 수밖에 없고, 이는 반드시 감수해야 할 대상입니다. 이렇게 하루 이틀 1년 2년 시간이 흐르다 보면 처음에 생각했던 목표의식이 흐릿해지고 행복을 누릴 수 있는 시간적인 여유도 부족해질 수 있습니다. 우리 사회는 ‘일에서 성공, 생활에서 행복’ 중 양자택일을 강요합니다. 그러나 숀 아처(Shawn Achor)는 ‘행복의 특권’이라는 책에서 성공하면 행복해진다는 것은 잘못된 생각이며, 오히려 행복이 성공의 원동력이므로 성공보다는 행복에 초점을 맞춰야 한다고 주장합니다. 그동안 조직이나 개인의 성공을 위해서 개인의 행복을 희생하였다면, 이제는 공식을 바꿀 필요가 있습니다. 그리고 곰곰이 생각해 봐야 합니다.

“나는 왜 일하는 것일까?”

　얼마 전 유엔 산하 자문기구인 지속가능발전해법네트워크(SDSN)가 공개한 ‘2019 세계행복보고서’에 따르면 한국의 행복순위는 전 세계 156개국 중 54위를 기록했습니다. 이들 평가요소를 살펴보면, 1인당 Gdp, 기대수명, 관용, 선택의 자유, 부패에 대한 인식, 사회적 지원 등 6개 항목입니다. 이들 항목은 물질보다는 정신적 요소에 가깝고, 개인적 차원보다는 사회적 차원에서 접근해야 할 문제입니다. 노사관계에서 상대방에 대한 관용이 필요하고, 일하는 과정에서 구성원의 선택의 자유를 높여야 하며, 구성원과 경영자는 불법과 편법을 경계해야 합니다. 더불어 능력이 떨어지는 구성원도 주변의 도움을 받아서 함께 일할 수 있는 환경이 조성된다면 일터에서 행복을 느끼는 사람들이 지금보다 늘어나지 않을까요?

> 행복의 4대보험 ◆
> 좋은 인간관계(Intimacy), 자율성(Autonomy)
> 의미와 목적(Meaning & Purpose), 재미있는 일(Interesting Job)

소규모 기업에서 일하는 단시간 노동자

◆

소규모 사업장이 늘어나고 있다

구로구와 금천구에 걸쳐있는 '서울디지털산업단지'는 서울에서 기업이 가장 많이 모여있는 곳 중 하나입니다. 2017년 기준 해당 단지 내 기업 수는 9,815개사이며, 노동자 수는 152,904명입니다.◆ 기업별 평균 인원은 15.5명으로 몇몇 대기업을 제외하면, 대다수 기업의 노동자 수는 10명이 채 되지 않습니다. 우리나라 기업의 고용현황을 단적으로 알 수 있는 곳입니다.

경제학에서 투입 규모가 커질수록 장기 평균비용이 줄어드는 현상을 '규모의 경제'라고 합니다. 기업들이 경쟁적으로 덩치를 키우

◆ 최인철, "행복의 4대보험", 중앙일보, 2019.04.10
◆ 국무총리비서실 보도자료, 2017.1.3

려는 경향을 말합니다. 그러나 노동자가 점점 늘어나다 보면 어느 순간부터 통제가 안되거나 비효율이 발생하기도 합니다. 이러한 규모의 비경제 현상을 해결하기 위한 방안으로 아웃소싱이 활용되고 있습니다.

경영자가 아웃소싱의 유혹에 빠지는 이유 중 하나는 정부가 요구하는 '기업의 사회적 책임' 정책과도 무관하지 않습니다. 정부는 여력이 있는 기업이 여성 고용, 장애인 고용, 노동관계법의 선도적 시행에 앞장서기를 주문하고 있습니다. 기업규모, 즉 소속된 노동자 수(500인, 300인, 100인, 50인, 30인, 10인, 5인 등)에 따라 구간별로 관련 법령을 준수하도록 하고 있습니다.

재정적으로 여유가 있는 기업에게 사회적 책임을 요구하는 것은 마땅하나, 여력이 있는지 여부에 대한 판단을 오직 '노동자 수'로 보는 것은 문제가 있습니다. 왜냐하면, 노동자 수가 1,000명인데 1인당 매출액이 1억원도 안 되는 용역업체가 많고, 20명이 근무하는데도 불구하고 매출액이 200억이 넘는 회사도 있습니다. 이는 인당 생산성이 떨어지는 부문을 아웃소싱했기에 가능한 것입니다. 이러한 이유 때문에 사내하도급은 해당 사업장이 아니라 원청을 대상으로 회사의 여력을 판단해야 합니다.

경영자는 기업의 이윤 극대화를 위해 회사와 노동자를 쪼개려는 유혹에 빠지기 쉽습니다. 이를 경영자 각자의 양심에 맡기기보다는 제도의 취지에 맞춰 관련 법령을 보완할 필요가 있습니다. 1,000인 사업장 하나를 운영하는 것과 100인 사업장 10개를 운영하는 것이 비용상 차이가 없다면, 굳이 사업장을 나눌 필요가 있을까요?

단시간 근로자가 늘어나고 있다

소규모 사업장이 늘어나는 이유 중에는 자영업자의 증가가 한몫을
합니다. 이들은 통상 근로자(주 40시간 근로)보다는 단시간 근로자(알
바)를 주로 고용합니다. 최근들어 단시간 근로자가 급증하고 있습니
다. 자영업자뿐만 아니라 일반 사업장까지 단시간 근로자를 사용하
는 경우가 늘어나고 있습니다.

단시간 근로가 늘어나는 이유는 노동자가 자발적으로 단시간을
선택한 경우도 있지만, 대부분은 경영자가 인건비를 절감하기 위해
근로시간을 나누기 때문입니다. 단시간 근로자가 늘어나면서 노사
간 인식의 변화도 나타나고 있습니다.

첫째, 인간관계의 거리감이 커지고 있습니다.

풀타임으로 일하는 통상 근로자와 단시간 근로자가 얼굴을 맞대
고 일할 수 있는 물리적 시간이 길지 않습니다. 게다가 통상 근로자
는 정규직, 단시간 근로자는 비정규직인 경우가 일반적입니다. 신분
이 나눠져 있어서 따로 일하는 것이 더 편한 경우가 많습니다. 단시
간 근로자는 생각합니다.

"저 사람은 나와 다르다."

둘째, 근시안적 접근방식으로 바뀌고 있습니다.

장기근속을 목표로 하는 정규직은 근로조건 결정 시 상호 간 유·불리를 따지기도 하지만, 장기적인 시각에서 적정하게 타협하는 경우도 적지 않습니다. 그러나 단시간 근로자는 자의든 타의든 간에 한 회사에서 오랫동안 일하기가 어렵습니다. 내일을 위해 오늘의 근로조건을 양보하기가 쉽지 않습니다. 단시간 근로자는 생각합니다.

"오래 볼 사람이 아니다."

한편, 4인 이하 소규모 사업장에서 일하는 근로자와 주당 근로시간이 15시간 미만인 근로자에게는 근로기준법의 일부 내용만 적용하고 있습니다. 노동계에서는 4인 이하 사업장에도 법 적용을 확대

| 소규모 사업장 VS 초단시간 근로자 근로조건 비교 |

구분	소규모 사업장 (4인 이하)	초단시간 근로자 (주 15시간 미만)
연장근로수당(1일)	×	○
주휴수당(1주일)	○	×
연차유급휴가(1개월)	×	×
퇴직금(1년)	○	×

암기 요령

4인 이하 사업장은 근로시간의 제한을 받지 않기에 연장근로나 연차휴가에 대한 혜택이 없고, 초단시간 근로자는 하루 앞을 내다보기 어렵기에 당일 적용할 수 있는 연장근로수당(1.5배)만 지급합니다.

해야 한다고 주장하고 있으나, 자영업자의 반발도 만만치 않은 상황입니다. 앞으로도 단시간 근로자가 점차 늘어날 것으로 예상되기에 관계자들은 세부적인 법 적용기준을 정확히 알고 있어야 합니다.

사장도 노동자도 아닌 사람들(半勞 半使)

◆

현재 우리 사회에서 청년 일자리, 청년 실업만큼 정치 경제적으로 중요한 이슈는 없을 것입니다. 다양한 해결방안이 제시되고 있지만, 막힌 속을 시원하게 뚫어 주기에는 역부족입니다. 돌이켜 생각해 보면, 저자가 학교를 졸업했던 시절에는 청년 인재를 확보하기 위해서 기업마다 사활을 걸고 경쟁적으로 공개 채용을 했던 것 같습니다. 그러나 이제는 공채의 규모나 빈도가 이전에 비해 현저히 줄어들었습니다.

이러한 이유는 사회구조나 소비자의 욕구가 다양해짐에 따라 사업구조도 다품종 소량생산방식과 같이 복잡해졌기 때문입니다. 이에 따라 정년이 보장된 청년이 1일 8시간을 일해야 하는 직무가 이전보다 훨씬 줄어들었습니다. 기업은 불확실하고 단순한 업무까지 지속적으로 임금을 올려줘야 하는 정규직을 사용할 필요성을 느끼지 못합니다. 이러한 업무에는 시간제, 기간제 등 비정규직으로 대체하고 있습니다.

통계청이 발표한 우리나라의 비정규직의 규모는 2019년 기준

748만명으로 전체 임금근로자의 36.4% 수준입니다.◆ 그러나 노동계는 사실상 비정규직인 무기계약직과 사내하도급을 포함하면 비정규직이 전체 노동자의 50%를 넘는다고 보고 있습니다. 고용형태의 파편화는 이제 피할 수 없는 시대적인 흐름이 되었습니다.

얼마 전 D식료품 유통업체에서 야간 배송을 하던 노동자 P가 퇴직금을 청구하기 위해서 저자의 사무실에 방문했습니다. 10년 동안 똑같은 일을 하였는데, 몇 년 전부터 회사에서 '근로계약서'를 '위탁계약서'로 바꿨다는 것입니다. P가 원하는 것은 "정년을 보장해 달라."든지 "근로시간을 줄여달라."는 요구가 아닙니다. 본인이 정당하게 일한 대가를 지불해 달라는 것입니다. P와 같이 실제는 노동자이지만, 형식만 사업자로 포장된 경우가 적지 않습니다.

우리 주변에서 택배기사, 대리운전기사 등 직접적인 만남을 전제로 하는 노동뿐만 아니라, 온라인상에서만 일하는 크라우드 노동(Crowd Work)이 확대되고 있습니다. 크라우드 노동은 노동자의 핵심 징표인 '사용종속관계'가 명확하지 않은 특성을 지니고 있습니다. 기존의 노사관계가 노동자와 사용자의 양자 구도였다면 이제는 노·사 그리고 특수형태종사자로 다차원적인 구조로 바뀌고 있습니다. 현행 노동법의 보호를 받지 못하는 제3의 영역에 있는 사람들에 대한 규율 및 보호가 필요한 시점입니다.

'건축학개론'이라는 영화에서 한가인씨가 이렇게 푸념하는 장면

◆ "근로형태별 부가조사", 통계청, 2019.8

이 나옵니다.

"매운탕은 왜? 무엇이 들어가든 매운탕이냐고? 그 매운탕에 들어간 재료들은 보지 않으려고 하는지. 또 감추려고 하는지 모르겠다"

'특수형태'라는 표현이 매운탕과 크게 다르지 않습니다. 노동의 성격을 규정하기 어렵기에 그냥 '특수형태'인 것입니다. 현재는 '특수한 형태'로 분류되어 예외적인 경우로 다뤄지고 있지만, "2025년에는 미국 노동자의 34%가 프리랜서로 일하게 될 것이다"라는 이야기가 나오고 있습니다. 이러한 속도로 특수형태종사자가 늘어난다면, 미래에는 현재의 일반 노동자가 '특수형태'로 바뀌게 될지도 모른다는 걱정이 앞섭니다.

특수형태종사자의 성격

특수형태종사자는 노동자처럼 일하나, 대가를 받을 때는 사용자와 같습니다. 이와 같이 특수형태는 반노 반사(半勞 半使)의 성격을 띠고 있습니다. 이제는 의미가 불분명한 '특수형태종사자'라고 논외로 취급하기보다는 '독립 노동자' 등으로 개념을 재정의하여 전형적인 노동자와 동일한 수준은 아니지만, 주요한 노동조건에 대한 보호가 필요합니다. 2020년 1월부터 산업안전보건의 보호대상이 '노동자'에서 '노무를 제공하는 자'로 변경됨에 따라 동일한 사업장에서 일하는 특수형태종사자까지 보호의 범위가 확대되었고, 이는 시대의 흐름을 반영한 것입니다.

본인이 원해서 특수형태종사자로 일하는 경우도 있겠지만, 노동자로 취업이 어려워서 어쩔 수 없이 선택한 경우가 많습니다. 불안한 지위와 낮은 처우 수준 등을 감안할 때 특수형태종사자에 대한 제도적 지원이 요구됩니다. 현재 특수형태종사자에 대한 보호는 고용보험, 산재보험 등 사회보험영역에 국한되고 있습니다. 특수형태노동의 반(半) 종속적 노동 특성으로 인해 고용 보장이나 시간 비례 임금 지급은 어려울지 몰라도, 이들이 일한 정당한 대가를 지급받을 수 있도록 최저임금법 적용과 직종별 연합단체와의 교섭을 통한 적정임금을 보장해야 합니다.

"경제의 틀이 달라지고 있습니다.
이에 맞춰 노동의 개념과 기준도 바꿔야 합니다."

며칠 전 중학생인 아들이 물었습니다. "아빠는 '근로자의 날' 쉬어?"

저는 명목상 대표자이지만, 같이 일하는 구성원은 한 명도 없습니다. 몇 년 전까지만 해도 4~5명의 구성원이 있었지만, 이제는 각자 대표인 파트너 노무사와 함께 하고 있습니다. 노동시장 변화의 거대한 물살을 맨 앞에서 몸소 느끼고 있습니다. 저는 이전에도 사용자라고 생각해 본 적이 없지만, 이제는 완벽한 1인 노동자 & 사업자입니다. 주변에 저와 같은 사람들이 점점 늘어나고 있습니다. 여느 식당에 가든지 손님을 부르는 호칭은 '사장님'으로 통합니다. 요즘은 '대리', '과장'보다 '대표'가 더 흔한 시대가 된 것 같습니다.

> "코끼리(대기업)들의 세계에서 벗어나 벼룩(프리랜서)처럼
> 나 혼자 힘으로 살아가야 한다고 말한다. 어떤 벼룩은 저 혼자서 일하고
> 어떤 벼룩은 자그마한 자기 회사가 있고 또 어떤 벼룩은 파트너십에 참가하고 있다."
> – 찰스 핸디

극단으로 가고 있는 노와 사

◆

문재인 정부는 국정 기조를 '노동 중심 사회'로 정했습니다. 노동자가 일한 만큼 대우받는 사회를 만들겠다는 취지일 것입니다. 그러나 달리 생각해 보면 현재 노동환경의 결핍에서 나온 의지의 표현으로 볼 수 있습니다. 평화를 외치는 곳에 총성이 높고, 민주화를 갈망하는 사회에 독재가 자리 잡고 있는 것과 같은 이치가 아닐까요? 저자가 처음 직장생활을 시작한 20년 전에는 노동법에 대해 자

세히 아는 사람이 많지 않았습니다. 인사팀에서 근무할 때도 마찬가지였습니다. 최저임금제도는 있었으나 최저임금에 미달되는 사람을 찾아보기 어려웠고, 상여금이 600%에서 800%로 늘어나는데 통상임금을 따지는 사람이 있을 이유가 없었습니다. 회사에 입사할 때는 당연히 정직원이라고 생각했고 비정규직이라는 개념조차 머리 속에 없었습니다. 그래서인지 그 시절 저자보다 경력이 많은 선배 노무사들이 주로 했던 업무는 '산업재해 보상'이었다고 합니다.

세계경제포럼에서 매년 발표하는 '국가 경쟁력 보고서(The Global Competitiveness Report)'에 따르면 2019년 한국의 '노사협력' 순위는 141개국 중 130위로 하위권에 머무르고 있습니다. 이와 유사한 뉴스가 종종 발표되는데 이제는 더 이상 새롭지도 불편하지도 않을 정도로 익숙해졌습니다.

이와 같이 우리나라의 노사관계 수준이 낮은 이유는 무엇일까요? 여러 가지 이유가 있겠지만, 일터가 쪼개지고 갈라지는 '균열 일터' 현상이 주요한 원인이라고 생각합니다. 일터 내에서 구성원들의 성별, 연령 등 인적 속성의 차이만 나타나는 것이 아니라 소속회사, 계약기간, 근로시간, 임금수준 등에서도 격차가 커지고 있습니다. 기업은 사업의 세분화에 따라 다양한 인력 운영방식이 필요하겠지만, 필요 이상으로 인력을 세분화하거나 그 구분 기준이 명확하지 않으면 구성원과 경영자 간 거리만 더 멀어집니다.

앞으로 사회적 변화의 속도가 빨라질수록 노사 간 시각 차이는 더 커질 것으로 예상됩니다. 최근 화두가 되고 있는 '4차 산업혁명'

에 대하여 경영자는 기술의 변화에 대응하기 위한 '노동시장의 유연성'을 강조하고 있으나, 노동자들은 기술의 발전으로 인한 노동력 대체 현상에 대응하기 위해 '고용 안정성 제고'를 주장하고 있습니다. 정부에서도 일자리 창출 및 근로조건 개선 정책을 쏟아내고 있지만, 경영자와 구성원으로부터 박수를 받기는 어려운 것이 현실입니다. 이와 같이 정책의 효과가 반감하는 근본적인 이유는 경영자와 구성원의 눈높이가 현저히 다르기 때문입니다. 노사가 같은 장소에서 일하고 있지만, 서로가 다른 생각을 하고 있는 어정쩡한 상태가 계속되고 있습니다.

"구조를 바꾸면 관계는 달라질 수 있습니다."

이전의 노사관계가 임금 등 근로조건에 대한 물리적 합의(통합)를 추구하였다면 이제는 노사 간 정서적인 통합이 필요합니다. '경영자'은 구성원을 사업 성공에 핵심적인 파트너로 인정하고 일하는 과정에서 적극적인 참여와 결과에 대한 배분을 기꺼이 내어줄 수 있어야 합니다. '구성원'은 경영자의 기여도(몫)를 인정하고, 투쟁의 대상이 아닌, 노동 기회 제공자 또는 조직 내 리더로서의 경영자의

〈근로기준법 제1조(목적)〉
이 법은 헌법에 따라 근로조건의 기준을 정함으로써 **근로자의 기본적 생활을 보장, 향상시키며, 균형 있는 국민경제의 발전을 꾀하는 것을** 목적으로 한다.

역할을 인정해야 합니다.

초심으로 돌아가 근로기준법의 제정 목적을 다시 한번 생각해 볼 필요가 있습니다.

과거의 노사관계가 조직 내에서 생활 보장을 위한 물질적인 투쟁에 초점이 맞춰져 있었다면, 이제는 개별기업 차원을 넘어서 우리나라 모든 국민의 노동 의욕이 높아질 수 있도록 성별, 세대별, 고용형태별 특성을 고려한 일터 내에서 균형 조정이 필요한 시점입니다.

구성원과 경영자 사이에 중간은 없다

◆

가족과 함께 '기생충'이라는 영화를 봤습니다. 영화 속 주인공 가족은 직업이 없는 실업 상태였습니다. 이 시대의 부모세대는 '고용 불안 → 일에 올인 → 장시간 근로'에 시달리고 있고, 자녀세대는 '삶의 자유 → 단시간 근로 → 낮은 임금'의 순환을 반복하고 있습니다. 회사에 절대적으로 복종하거나 아니면 산에 들어가 자연인으로 살거나, All or Nothing이 아닌 적정수준에서 일하고 생활할 수 있는 선택지는 없는 것일까요?

기생(寄生)보다 조금 더 나은 삶이 편생(片生)입니다. 서로에게 이득도 손해도 되지 않는 것이 편생입니다. Tv 프로그램 중 청년들이 즐겨 보는 '나 혼자 산다'와 장년층의 꾸준한 사랑을 받고 있는 '나는 자연인이다'와 같은 프로그램이 편생의 삶을 이야기하고 있습니다. 이러한 프로그램이 인기를 끄는 이유는 그만큼 우리의 직장생활이 고단하다는 반증일 것입니다. 한국사회를 대표하는 양극화 현상을 고용-근로시간-임금으로 구분하여 살펴보고자 합니다.

고용의 양극화

얼마 전 노동위원회 국선 대리인 사건을 맡게 되었습니다. 구성원이 10명도 안 되는 소규모 기업에서 발생한 사건이었습니다. 의뢰인 J는 중간 관리자와 다퉜다는 이유로 해고됐다고 하더군요. 진행 과정에서 J는 복직하지 않고 일정한 금액을 보상받기로 하고 마무리되었습니다. 사건이 끝나고 J와 얘기를 나누던 중 J의 첫 직장이 S전자였다는 사실을 알게 되었습니다.

"S전자 다녔던 분이 어쩌다?"

직업이나 직장에 대한 서열은 따로 없지만, 국선 노무사를 선임할 수 있는 조건이 월급 250만원 미만이라는 점을 감안할 때 이해하기 쉽지 않은 상황이었습니다. 그 후로 몇 달 뒤 J로부터 연락이 왔습니다. 동네 마트에서 배달원으로 일하기 위해서 오토바이를 샀다고 하더군요.

"고용에 중간층은 없다."

J와 같이 한때 대기업, 금융기관, 공공기관에서 일하셨던 잘 나가셨던 분이 퇴사 이후 중소기업 → 영세기업 → 자영업자로 빠르게 탈바꿈하는 사례를 자주 목격합니다. 우리나라 노동자 중 대기업 구성원은 10% 내외입니다. 나머지 노동자는 중소기업에서 일하고 있는데, 임금 등 근로조건 측면에서 볼 때 중간보다는 '소규모'에 속하는 경우가 훨씬 많습니다. 평범한 노동자가 한 분야에서 수십 년간 쌓아온 기술과 경험을 대기업은 아니더라도 안정적인 근로환경에서 일할 수 있는 중견기업이 많아져야 합니다.

노동시간의 양극화

2018년 7월부터 주당 최대 52시간 근로제가 기업규모에 따라 단계적으로 시행되고 있습니다. 그런데 먼저 시행되는 300인 이상 회사에서 예상치 못한 현상이 나타났다고 합니다. 법 시행시기 즈음에 퇴직자가 갑자기 늘었다는 것입니다. 노동시간이 줄어들면서 임금도 줄어들게 되자, 아직 52시간제가 시행되지 않는 인근에 있는 업체로 이직한다고 하네요. 일부 사례이긴 하지만 시사하는 바가 적지 않습니다.

　노동자를 위해 노동시간 단축을 추진하고 있지만, 이는 적정수준의 임금을 안정적으로 지급받고 있는 중간 이상의 노동자에게만 의미가 있습니다. 최저임금 수준에서 장시간 노동을 해야만 월 생활비를 확보할 수 있는 가장에게 노동시간 단축은 직장을 옮겨야 하는 번거로운 일일 뿐입니다.

노동시간이 줄어들어서 저녁시간을 즐기는 노동자가 많아졌다는 뉴스 이면에는 줄어든 임금을 메꾸기 위해 투잡을 뛰어야 하는 노동자가 존재한다는 사실을 잊지 말아야 합니다.

임금의 양극화

소규모 기업에서 일하는 노동자와 중견기업 이상에서 일하는 노동자의 임금 격차가 상당합니다. 2018년 고용노동부에서 실시한 '사업체노동력조사'에 따르면, 1~4인 기업에 비해 300인 이상 기업에서 일하는 노동자의 임금이 2.6배 많은 것으로 나타났습니다.

| 기업규모별 월 평균임금 비교 |

구분	1~4인	30~99인	300인 이상
월 평균 임금(원)	2,022,455	3,534,813	5,305,185
상대 비율	100%	175%	262%

임금격차를 확인할 수 있는 지표 중에 '저임금 근로자 비중'이 대표적입니다. 저임금 근로자 비중은 중위임금의 3분의 2 미만을 받는 근로자의 비율로서, 비중이 높을수록 격차가 크다는 것을 의미합니다. 우리나라의 저임금 근로자 비중은 2017년 22.3%로 Oecd에서 3번째로 높았고, 2018년 19.0%로 다소 낮아졌지만, 다른 나라에 비해 여전히 높은 수준입니다.

한편, 고임금을 지급받는 경영자까지 비교 범위를 확대해 보면,

구성원과 경영자의 임금의 차이가 30배까지 벌어진 것으로 나타났습니다.

국내 증시의 시가총액 30위권 대기업 최고경영자(Ceo)와
일반 구성원 간 연봉 격차가 지난해 평균 30배이며,
N사는 155배로 격차 최고를 기록하였습니다.◆

　미국의 Ceo와 구성원 간의 임금격차는 우리나라보다 훨씬 높은 편이며, 이는 주요 사회적 이슈로 부각되고 있습니다. 자본주의 경제에서 임금수준을 정하는 것은 경영자의 자유 재량입니다. 다만, 최저임금에만 저촉되지 않으면 됩니다. 몇 년 전에 회사 내 임금의 상대적 격차를 제한하자는 법안이 국회에 발의되었습니다.

최고임금법 주요 내용
• 이 법은 법인 임원 등의 과도한 임금 등을 제한함으로써 소득재분배의 효과를 제고하고 경제주체 간의 조화를 통하여 소득재분배를 제고하는 것을 목적으로 함
• **최저임금액의 30배를 최고임금액**으로 하고, 법인 등이 소속 임원이나 근로자에게 최저임금액의 30배 이상을 지급하지 못하도록 함

◆ "30대 대기업 CEO 연봉 작년 일반직원 평균 급여액의 30배", 한국경제신문, 2019.04.05

우리나라는 최근 몇 년간 최저임금 인상에 대한 대립으로 인해 사회적 비용을 치러야 했습니다. 앞으로 일터에서 임금 격차가 더욱 커진다면 최고임금법 제정에 힘이 실리게 될 것으로 예상됩니다. 최저임금이나 최고임금제도는 인위적인 규제장치이기에 저항이나 부작용이 나타날 수밖에 없습니다. 더욱이 최저임금은 노사 간 대립구조이지만, 최고임금은 상대적 비교를 중시하기에 노사뿐만 아니라 노동자와 노동자 간 갈등을 촉발할 수 있습니다. 법으로 강제하기 전에 일터 내에서 자율적으로 결정하는 것이 최선입니다.

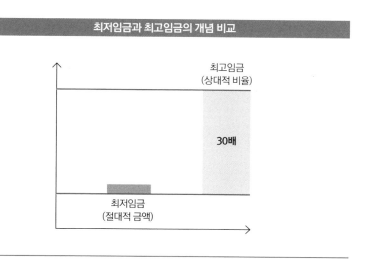

최저임금과 최고임금의 개념 비교

최고임금
(상대적 비율)

30배

최저임금
(절대적 금액)

균형으로 가는 길

합리성과 감수성의 업데이트가 필요하다

◆

함께 일하는 동료 중에는 사리분별이 명확하고, 합리적으로 의사결정을 내리는 사람들이 있습니다. 이들은 업무에서 성과를 올리며 승승장구하지만, 차가운 기운이 느껴져 쉽게 다가가기 어려운 경우도 있습니다. 반면에 업무적인 능력은 다소 부족하지만, 동료의 처해진 상황을 이해하고, 항상 옆에서 지지해주는 동료도 있습니다. 이런 사람과는 회사를 떠난 이후에도 지속적으로 연락하게 됩니다. 합리성과 감수성은 직장생활을 하는데 빠질 수 없는 중요한 요소입니다.

합리성에 대해

노동법에 합리성과 관련된 '사회통념상 합리성(合理性)'이라는 개념이 있습니다. 취업규칙을 노동자에게 불리하게 바꿀 때에는 과반수 노조나 노동자 과반수의 동의를 반드시 받도록 규정하고 있습니다. 그런데 취업규칙을 바꾸는 전반적인 과정을 두루 살펴봤을 때 회사의 행위에 나름의 합리성이 있으면 노동자의 동의를 얻지 않았더라도 바뀐 취업규칙의 법률적 효력을 인정할 수 있다는 법리입니다.

합리성이라는 기준 자체를 거부하는 사람은 거의 없습니다. 논란이 되는 것은 누가 합리성을 판단할 것이냐?라는 것입니다. 이에 대해 사회통념상 합리성은 노동자의 시각이나 경영자의 입장이 아닌, '사회적 관점'에서 판단해야 한다고 봅니다. 노사관계는 당사자간 자율적인 해결을 원칙으로 하나, 서로가 자신만의 합리성을 주장한다면, 종국적으로 제삼자의 입장에서 합리성을 판단해야 한다는 의미입니다.

대다수 사람들은 일터에서 나름 합리적인 사람이라고 생각합니다. 그러나 개인의 판단력은 과거의 경험이나 주변 사람의 영향에 따라 조금씩 달라질 수가 있습니다. 바쁘게 돌아가는 일상에서 나 자신을 돌아볼 기회가 많지 않지만, 가끔씩은 나의 판단 기준이 사회적 관점에서 벗어나 있지는 않는지에 대해서 생각해 볼 시간이 필요합니다.

감수성에 대해

최근에 사회적으로 관심이 높아지는 성희롱의 심리·판단기준을 제시한 대법원 판결*이 나왔습니다. 재판부는 "법원이 성희롱 관련 소

◆ 대법원 2017두74702

송을 심리할 때에는 그 사건이 발생한 맥락에서 성차별 문제를 이해하고 양성평등을 실현할 수 있도록 '성인지 감수성'을 잃지 않아야 한다."라고 밝혔습니다. 어떤 행위가 성희롱에 해당하는지 여부를 판단할 때는 우리 사회 전체의 일반적이고 평균적인 사람이 아니라, 피해자와 같은 처지에 있는 평균적인 사람의 입장에서 성적 굴욕감이나 혐오감을 느낄 수 있는 정도였는지를 기준으로 심리·판단해야 한다는 것입니다.

과거에 일터에서 근로시간, 임금 등 정량적인 요소(Hard)에 대한 이슈가 대부분이 이었으나, 근래 들어 성희롱, 모성보호, 괴롭힘 등 정성적인 요소(Soft)와 관련된 분쟁이 늘어나고 있습니다. 이들 사건은 눈에 보이지 않는 것에 영향을 주고받기에 합리성으로 판단하는데 한계가 있고, 해당 구성원의 감수성까지 살펴봐야 합니다.

앞서 언급한 합리성은 사회통념상 평균적인 눈높이인데 반해, 감수성은 해당 그룹의 평균적인 눈높이를 의미하고 있습니다. 일터에서 관계의 균형을 맞추기 위해서는 다초점렌즈가 필요합니다. 정량

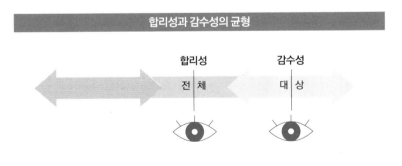

합리성과 감수성의 균형

합리성　　　　감수성

전 체　　　　대 상

적인 Case는 합리성(사회적 평균)으로 정성적인 Case에는 감수성(해당 그룹 평균)으로 눈높이를 조절해야 합니다.

다양성과 유연성이 핵심인 시대가 오고 있다

◆

Hr분야에서 '다양성'이나 '유연성'이라는 단어를 사용하는 빈도가 늘어나고 있습니다. 양자는 다수의-소프트하고-변화무쌍하다는 의미를 내포하고 있습니다. 다양성과 유연성의 개념에 대해 조금 더 자세히 살펴보고자 합니다.

다양성 관리

다양성 관리는 조직 내에 성별, 연령 등 다수의 인적 속성이 존재하므로, 어느 하나에 치우치지 않게 조화롭게 일할 수 있는 환경을 만드는 것이 기업의 성과 향상에 도움이 된다고 보는 관점입니다. 외국계 기업을 중심으로 다양성 관리에 대한 관심이 높아지고 있고, 일부 기업에서는 다양성 관리 담당자(Diversity Manager)나 책임자(Chief Diversity Officer)를 지정하고 있습니다.

다양성 관리와 유사한 의미로 '차별 금지'를 떠 올릴 수 있습니다. 양자는 모두 인적 속성에 관계없이 공정한 기회를 부여해야 한다는 취지는 동일합니다. 그러나 차별 금지는 반드시 지켜야 할 법적인 의무인 반면, 다양성 관리는 기업의 성과 향상을 위해 선택적으로 취할 수 있는 경영전략으로 이해할 수 있습니다.

| 다양성 관리 vs 차별 금지 |

구분	다양성 관리	차별 금지
목적	기회의 공정성 + 성과 향상	기회의 공정성
대상	성별, 연령, 가족상황, 교육 수준 등	성별, 연령, 고용형태, 장애 여부 등
학문분야	경영학	법학
성격	적극적, 선택적	소극적, 필수적

유연성 관리

'유연성'은 고용이나 근로조건을 획일적으로 고정하지 않고 다양한 기준이나 방식으로 운영하는 것을 의미합니다. 주로 '유연안정성'◆, '유연근로제' 등에 자주 사용됩니다. 다양성은 개별 구성원 간의 균형을 초점을 맞추는 반면, 유연성은 노사 간의 균형과 관련이 깊습니다. 예를 들어 유연근로제를 실시하면 구성원의 선택권이 확대될 수 있으나, 이는 경영자의 정상적인 사업운영에 차질을 발생할 정도까지 허용되는 것은 아닙니다.

　유연성 관리는 주먹구구식 경영과도 구별됩니다. 소규모 회사에서 인사관리 기준을 갖추기가 쉽지 않습니다. 그래서 사안이 발생

◆ 유연안정성(Flexicurity)은 유연성을 뜻하는 'Flexibility'와 안정성을 뜻하는 'Security'를 합한 말이다. 네덜란드 암스테르담대학교에서 처음 사용하였으며, 노동시장의 유연성을 높이는 동시에 사회안전망을 강화하는 내용의 노동 정책 개념이다.

할 때마다 케이스별로 대응하는 경우가 많습니다. 유사한 사안임에도 불구하고 구성원마다 다르게 처우하는 경우가 늘어납니다.

유연성 관리와 주먹구구 경영의 비교

유연성

주먹구구

이러한 현상이 오래 지속되다 보면 경영자도 헷갈리기 시작합니다. 이와 같은 경우 처음부터 목적 및 방향을 명확히 설정하면 구체적인 기준이 없더라도 큰 틀에서 벗어나지 않을 수 있습니다. 유연성 관리는 무게 중심을 잃지 않는 것이 중요합니다.

저자가 처음 직장생활을 했던 20년 전에는 30~40대 남성 중심 조직이었습니다. 조직 분위기도 대체적으로 비슷하였습니다. 앞으로 20년 후에는 어떤 형태로 바뀔지 예상하기가 어렵지만, 지금보다 복잡 다양해질 것입니다. 노동자의 외형적인 속성뿐만 아니라 생각이나 가치관의 편차는 더욱 커질 것입니다. 과거의 인사담당자에게 회사의 규정을 잘 숙지하고 적용하는 능력이 필요했다면, 앞으로는 노동자의 속성에 따른 다양성을 존중하고 사안에 따라 유연하게 대응하는 능력이 필요합니다. 지금까지 설명한 다양성과 유연성 관리를 함축하면 다음과 같습니다.

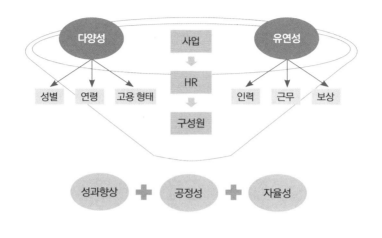

다양성 관리 vs 유연성 관리

다양성 — 사업 — 유연성

성별 / 연령 / 고용 형태 — HR — 인력 / 근무 / 보상

구성원

성과향상 ➕ 공정성 ➕ 자율성

"다양성은 구성원(노동자) 간 균형, 유연성은 노사 간
균형이 중요하다."

눈을 마주치지 않는 안과, 고민을 들어주는 이비인후과

◆

모니터와 씨름을 하는 일이 직업이라서 안구건조증을 달고 삽니다.
며칠 전 사무실 근처에 있는 안과에 방문하여 검사를 받고 의사에
게 현재 상태에 대해 물어보려고 말을 꺼내자마자, "진료 끝났습니
다. 다음!!" 얼굴도 보지도 않은 채, 퇴실을 재촉하더군요. 그 안과

의사에게 사람의 '눈'은 대기 순번 5, 6, 7 그 이상도 이하도 아닌 것 같습니다.

비슷한 시기에 동네 이비인후과에 진료받으러 간 적이 있습니다. 단순히 비염약을 처방받기 위해 방문했는데, 의사선생이 비염으로 인한 생활의 불편함에 공감을 해주면서 대중요법까지 자세히 설명해주더군요. 아무리 실력이 좋은 의사라고 하더라도 의사소통에 문제가 있다면, 환자나 동료로부터 환영받기가 어려울 것입니다. 이제는 직업군을 불문하고 '의사소통'이 핵심역량입니다.

조하리의 창(Johari's Window)은 나와 타인과의 관계 속에서 내가 어떤 상태에 처해 있는지를 보여주고 어떤 면을 개선하면 좋을지를 보여주는 데 유용한 분석틀입니다. 조하리의 창 이론은 조셉 러프트(Joseph Luft)와 해리 잉햄(Harry Ingham)이라는 두 심리학자가 1955년에 개발했습니다. 조하리의 창은 크게 4가지로 이뤄집니다. 자신도 알고 타인도 아는 '열린 창', 자신은 알지만 타인은 모르는 '숨겨진 창', 나는 모르지만 타인은 아는 '보이지 않는 창', 나도 모르고 타인도 모르는 '미지의 창'이 존재합니다.

| 조하리의 창 |

구분	자신이 아는 부분	자신이 모르는 부분
타인이 아는 부분	열린 창 Open	보이지 않는 창 Dlind
타인이 모르는 부분	숨겨진 창 Hidden	미지의 창 Unknown

미래에는 불확실성이 확대되기에 노사관계에서 미지의 창이 더욱 커질 수밖에 없습니다. 이는 구성원이나 경영자 모두에게 커다란 위협으로 다가옵니다. 구성원은 언제까지 일할 수 있을지 몰라서 불안하고, 경영자는 현재 사업을 계속해야 할지 정리해야 할지 고민에 빠지게 됩니다. 이러한 위기를 극복하기 위해서는

서로가 눈을 마주 보고 자신의 '숨겨진 창'을 공개하고, 타인의 말에 귀를 기울여 자신의 '보이지 않는 창'을 깨닫는 과정이 필요합니다.

해결책은 매우 간단합니다. 실천이 어렵다는 것이 문제입니다.

> "행동이 없는 비전은 한낮 꿈에 불과하다. 비전이 없는 행동은 그냥 지나가는 시간일 뿐이다. 행동이 있는 비전이 세상을 바꾼다."
> – 조엘 베이커

새로운 노동 협약이 필요하다

◆

10년 전이나 5년 전 회사와 현재의 회사 내의 모습을 비교해 보면 주력상품, 업무 방식, 동료, 조직 내 분위기 등 바뀌지 않은 것을 찾아보기 어렵습니다. 한 회사에서 오래 일하기가 어렵고, 정규직과 비정규직 등 고용형태가 다양해지고, 상대평가로 성과주의가 강화

될수록 일터 내에서 인간관계는 '임시적 연합 상태'에 머뭅니다.

과거에 안정적 경영환경에서는 구성원의 충성과 경영자의 배려를 기반으로 하는 '관계중심' 문화였다면, 이제는 불확실성 증가에 따라 쌍방의 이해관계에 초점을 맞춘 '계약중심'으로 변하고 있습니다. '관계'에서는 기본원칙만 정하면 되지만, '계약'은 디테일(Detail)이 요구됩니다. '관계'는 과거-현재-미래를 모두 고려하지만, '계약'은 현재중심입니다. 이전보다 노사 간 갈등이 발생할 가능성이 더 커진 것입니다.

'계약중심' 고용관계는 합리적이지만, 미래사회에서도 여전히 유효할 수 있을지 의문이 듭니다. 2016년 세계경제포럼(Wef)이 기업들을 대상으로 조사한 자료에 따르면 미래 일자리는 비정형적이고 추상적인 작업이 증가하고, 가장 필요한 역량은 문제해결능력이 될 것이라는 답변(36%)이 가장 많았습니다. 20세기형 일자리가 '성과를 내는-전문성 있는-경쟁력 있는' 인재를 요구했다면, 21세기형 일자리는 통합적인 문제해결능력이 있는 인재를 원한다는 뜻입니다. 문제를 해결하기 위해서는 동료와 협력해야 하기에 '계약'만을 내세우는 것은 한계가 있습니다.

이처럼 시대 변화의 흐름에 맞춰 구성원과 경영자는 기존의 노동협약(근로계약, 취업규칙, 단체협약 등)을 개정할 필요가 있습니다. '관계'와 '계약'중 하나의 선택을 강요하기보다는 '관계＋계약'이나 '계약＋관계'로 통합하고 기업별 환경에 맞춰 균형을 맞추는 것이 바람직합니다.

'통합'이란 하나의 의견으로 합쳐진 결과적 상태가 아니라
사회 구성원이 역동적으로 소통하는 대화의 과정 그 자체입니다.
통합의 끝은 물리적 결합만이 아니며 공동체의 신뢰 위에 다름이
공존하고 협력해 시작하는 화학적 새로움입니다 ✦

　근대 시민법을 수정한 노동법은 '공정 계약'을 추구하고 있으나,
공정성을 바라보는 노사 간 시각의 차이가 커서 공정한 계약이 이
뤄지기가 어렵습니다. 노동(근로)계약의 목적이 사용자와 노동자 모
두를 위한 것이며, 계약내용을 공정하게 정하고 이행하는 것이 장
기적으로 서로에게 도움이 된다는 것에 대한 '공감'이 필요합니다.

| 균형일터의 키워드 |

19세기 시민법	20세기 사회법	21세기 균형
자유 계약	공정 계약	공감
과실 책임	무과실 책임	공생
소유권 절대	소유권 상대	공유

　그밖에 사용자의 입장에서 바라본 무과실 책임이나 소유권 상대
원칙은 노사 균형적 관점에서는 '공생' 및 '공유'로 바꿔 생각해 볼
수 있습니다.

✦ 송인한 교수, "다름을 위한 통합", 중앙일보, 2017.03.18, 24면

공감, 공생, 공유라는 다소 추상적인 표현은 "내일 당장 회사에 출근하기 싫다."라는 생각을 가진 사람들에게는 공허하게 들릴 수 있습니다. 그러나 균형은 국가와 사회라는 거시적 관점도 있지만, '자연인으로서 나'라는 개인적 관점도 존재합니다. '노사 통합적 노동협약'이라는 장밋빛 미래를 꿈꾸면서도, 오늘 자신의 맡은 일에서 개인적 균형을 추구할 수도 있습니다.

지나치지도 모자라지도 않은 라곰 일터

◆

저자의 주변에서 '꼰대 Test'를 해보는 사람들을 자주 접하게 됩니다. 본인은 절대로 꼰대가 아니라고 생각하지만, 혹시나 하는 생각에 관련 정보를 찾아보게 됩니다. '꼰대'라는 어감이 그리 유쾌하지는 않지만, 어느 때부터 자주 접하게 되었습니다. 저자가 신입사원이었을 때에도 꼰대 상사가 존재했습니다. 어쩌면 요즘보다 더 심하게, 더 많은 분이 해당되었을 것입니다. 그러나 그들을 '꼰대'라고 부르지는 않았습니다. 경직된 조직 분위기에 묻혀서 당연시 여겼던 것 같습니다.

그러나 요즘의 일터에서는 개인의 의견을 자유롭게 이야기하기가 이전보다 훨씬 쉬워졌습니다. 민주화의 진전, 정보 접근성 확대, 높아진 시민의식 등에 따른 결과로 보입니다. 그동안 꾹꾹 참아왔던 갈증이 어느 순간부터 터지기 시작했습니다. 인내의 시간과 깊이가 깊을수록 반발력이 한층 강해질 수밖에 없습니다. 그러나 나의 목소리가 커진다고 해서 상대방의 이해력이 높아지는 것은 아닙니다. 상대방은 기세에 눌리지 않으려고 목소리를 더 높일 가능성이 커집니다. 갈등의 악순환이 점점 세지게 됩니다. 이와 같이 관계에서 의무를 부담하지 않는 권리 주장이나 All or Nothing 같은 이분법적 접근방식은 상호 간 갈등의 골을 더욱 깊어지게 합니다.

"과거의 일터에서는 모자란 부분이 많았으나,
현재의 일터에서는 지나친 부분이 나타나기 시작했다."

이제는 상대방의 문제를 지적하는 차원을 넘어서, 당면한 문제를 취합·정리하고 이에 대한 해결방안을 모색해야 할 시기입니다. 그동안 구성원이나 경영자가 각자의 입장을 주장하거나 상대방의 의견을 반박하는데 시간을 할애하였다면, 이제는 공통 요소를 중심으로 통합해야 할 시점입니다. 주변 상황이 녹록지 않지만 그럼에도 불구하고 접점을 찾아서 일터에서의 정반합(正反合)을 이뤄야 합니다.

일터에서 균형을 맞추기 위해 '라곰'이라는 개념을 활용할 수 있습니다. 라곰은 스웨덴어로 '적당한', '충분한', '딱 알맞은'과 같이 '균형'을 뜻하는 말로, 소박하고 균형 잡힌 생활과 공동체와의 조화를 중시하는 삶의 경향입니다. 동양철학에서 지나치거나 모자라지 아니하고 한쪽으로 치우치지 아니한, 떳떳하며 변함이 없는 상태나 정도를 말하는 '중용(中庸)'과 비슷한 개념입니다.

라곰한 시각에 대한 예를 들어보면, A와 동료 B는 건강에 대해 상반된 시각을 가지고 있습니다. A는 타고난 체질 덕분에 건강에 대한 자신감이 넘칩니다. 잦은 음주와 흡연은 기본이고, 운동과는 담을 쌓고 지냅니다. 2년에 한 번 실시하는 건강검진도 이런저런 이유를 들어서 빠져나갑니다. 반면에 B는 걱정이 많은 스타일입니다. 아무리 바빠도 하루에 십여 개의 영양제는 꼭 챙겨 먹습니다. 회사에 덤벨(아령)을 갖다 놓고, 근무시간 짬짬이 운동을 합니다. 월급의 상당 부분을 보험료로 지불합니다. 대책없이 사는 A를 보면 한숨이 먼저 나옵니다. 위 사례는 극단적인 상황을 설정한 것으로 '무관심 Vs 과민성'의 대립구조입니다. A는 건강관리의 중요성에 비해 모자란 상태이고, B는 지나칠 정도로 민감한 상태입니다. 건강에 대해 라곰한 상태는 근무시간 중에 운동할 정도는 아니지만, 정기적으로 건강검진은 꼭 받아야 한다는 시각이 아닐까요?

경영자는 노동을 착취하지 않지만 자선사업이 아닌 한 경영의 효율화를 추구하고, 노동자는 노동의 권리를 주장하면서도 회사 내 규율을 준수해야 합니다. 권리 주장은 적극적으로, 의무 이행에는 소극적인 태도를 보이는 것이 아니라, 권리와 의무가 나란히 보조를 맞추어 나가는 모습이 라곰한 상태일 것입니다. 그러나 '라곰한 일터'는 기계적인 또는 물리적 중간지점을 의미하는 것은 아닙니다. 기업별 상황에 따라서 균형점이 달라질 수 있고, 개별 노동자의 가치관이나 선호도에 따라서 라곰의 위치가 달라질 수 있습니다.

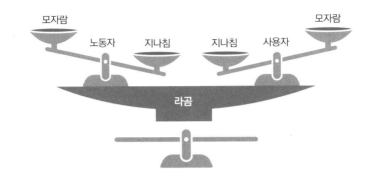

구성원 없이 무인 사업장으로 운영하거나, 경영자로부터 독립하여 1인 사업자로 일할 것이 아니라면, 현재 주어진 상황에서 경영자와 구성원이 접점을 찾기 위한 미세조정(Fine Tuning)을 해야합니다. 라곰이라는 개념은 노사가 지향해야 할 목표일 뿐만 아니라 접근방식이기도 합니다.

베카드와 해리스의 변화방정식(The Beckhard and Harris Change Equation)

$$C = D \times V \times F > R$$

Change Dissatisfaction Vision First step Resistance

제2장

구성원의
균형잡기

관계 맺기

일하기 좋은 회사는 Bsc가 높다

◆

기업에서 널리 활용하고 있는 성과관리 방법인 Bsc(Balanced Score Card)는 재무, 고객, 내부 프로세스, 학습과 성장관점에서 성과지표를 도출하여 관리합니다. Bsc를 잘 관리하는 회사가 성과도 높습니다. 경영자의 균형 지표와 마찬가지로 노동자가 일하기 좋은 회사를 판단할 때 Bsc관점을 활용할 수 있습니다.

노동자의 Bsc는 임금수준, 경영자, 근로환경, 근속기간입니다. 노동자는 취업할 때 Bsc가 좋은 회사를 선택해야 하고, 재직 시에는 Bsc를 높이기 위한 노력을 해야 합니다. 기업의 성과관리와 마찬가지로 어느 하나의 관점만 치우쳐서는 안 되며, 4개 요소의 균형이 맞아야 성공적인 직장생활을 할 수 있습니다.

임금수준 (재무)	경영자 (고객)
근로환경 (내부 프로세스)	근속기간 (학습과 성장)

1. 임금수준

회사별 임금수준은 채용공고에 제시된 금액 이외에도 개별 회사의 연봉정보를 제공하는 사이트가 많이 늘어나서 입사하기 전에도 대략적인 임금수준을 파악하기가 어렵지 않습니다. 그러나 현재의 임금수준이 미래를 담보하는 것은 아닙니다. 저자도 회사에 입사할 때 현재의 임금수준만 보고 결정하였는데, 그때 임금이 피크(Peak)였던 적이 있습니다. 회사를 1~2년만 다닐 것이 아니라면 미래의 임금수준도 생각해 볼 필요가 있습니다. 회사의 임금 지급여력을

- 매출액 대비 인건비율: 임금총액 ÷ 매출총액 × 100
- 노동소득 분배율: 임금총액 ÷ (임금총액 +영업잉여) × 100
- 인당 영업이익: 영업이익/구성원 수

추정하는데 참고할 수 있는 지표는 다음과 같습니다.

이중 인건비율이나 노동분배율은 기업 규모나 업종에 따라 격차가 크기에 비율이 높은 회사가 반드시 구성원에게 좋은 회사라고 말하기는 어렵습니다. 그러나 구성원 1인당 영업이익이 높은 회사는 임금 지급여력이 높기에, 현재는 물론 미래의 임금 인상도 기대해 볼 수 있습니다.

취업포털 사람인이 100대 기업 중 사업보고서를 공시한 88개 업체의 1인당 영업이익을 분석한 결과에 따르면, Sk하이닉스의 인당 영업이익이 가장 높은 것으로 나타났습니다.◆

| 2018년도 1인당 영업이익 상위 5개사 |

회사명	SK하이닉스	SK종합화학	여천NCC	한화토탈	롯데케미칼
1인당 영업이익	8억200만원	6억5300만원	6억4800만원	6억3100만원	6억2300만원

2. 경영자(CeO)

저는 회사를 다닐 때 대표이사와 독대했던 적이 한 번도 없었습니다. 구성원 수가 많았고 실무자로 일했기에 그냥 먼발치에서 Ceo를 바라보는 것이 전부였습니다. 이후 시간이 흘러서 컨설턴트로 때론 노무사로 활동을 하면서 수 백명의 대표이사를 만났습니다. 정확한

◆ 강경래 기자, "SK하이닉스, 작년 인당 8억200만원 벌어", 이데일리, 2019. 04. 03

Data를 제시할 수는 없지만, 경험이 쌓일수록 대표이사의 성향이 조직의 분위기에 영향을 미치고, 회사의 실적과도 관련되는 것 같다는 생각을 자주 하게 되었습니다.

5G 선도 기업으로 촉망을 받는 전자부품 제조사 K사의 대표자는 업계 리더로 언론에 자주 노출됩니다. 그러나 K사는 1년이 멀다하고 인력 구조조정을 실시합니다. 경영자의 잘못된 판단으로 인한 책임은 고스란히 노동자의 몫으로 돌아오더군요. 지난 10여 년간 수 천명이 K사를 떠나는 동안 대표자는 변경되지 않았습니다. K사 대표자에게 구성원은 언제든지 갈아 끼울 수 있는 부품과 크게 다르지 않은 것 같습니다.

얼마 전 방문한 경기도 부천의 V사의 현관에 들어서자 사훈 같은 느낌이 풍기는 문구가 눈길을 사로잡았습니다. "회사는 전쟁터, 회사 밖은 지옥이다."라고 적혀있었습니다. 취지는 이해하지만, 필요 이상으로 압박하는 분위기에서 구성원들이 창의적이고 협력적으로 일할 수 있을지 의문이 듭니다.

한편, 구성원을 자식처럼 생각하는 대표자도 있습니다. 며칠 전 만나던 중소기업 대표자는 "요즘 애새끼들은 잘해줘도 고마운 줄 모른다."라고 거침없이 말하더군요. 하마터면 대표자의 자제분이 같은 회사에 다니는 줄 오해할 뻔했습니다.

반면에 J사의 컨설팅을 할 때 만났던 K대표이사는 첫인상부터 편안했는데 대화를 나눌수록 합리적인 분이라는 느낌을 받았습니다. 대표자의 영향을 받은 탓인지 조직 분위기도 활기가 넘쳤습니다.

컨설팅이 끝나고 몇 년 후 회사의 동정이 궁금하여 검색을 해보니, 그동안 회사의 주가가 10배 가까이 올랐습니다.

  구직자들이 많이 찾는 잡플래닛 Jobplanet.co.kr이라는 사이트의 기업평가 요소 중 하나로 'Ceo 지지율'이라는 항목이 있습니다. 위에서 언급한 기업들을 검색해 보니 신기하게도 대체로 일치하는 결과가 나왔습니다. 과거에는 대표자가 인사평가를 통해 구성원들을 평가하였으나, 이제는 다수의 재직자 또는 퇴직자가 대표자를 평가하는 시대가 되었습니다. 평가점수가 높은 회사에 우수인재가 몰리고 이런 회사는 성장 가능성이 높아집니다. 회사의 가치를 높이기를 원하는 대표자는 이제 스스로에게 물어야 합니다. 나의 인격은 5점 만점에 몇 점인지를.

'대표자의 인격 = 기업의 가치'

3. 근로환경

수백 대 일의 경쟁률을 뚫고 어렵게 입사한 회사인데, 퇴사할 때는 뒤도 돌아보지 않고, 쏜살같이 떠나는 경우가 많습니다. 회사나 구성원의 외형은 그대로이지만 구성원의 마음이 달라졌기 때문입니다. 저자가 인사팀에서 근무하던 시절 Y인사팀장이 입버릇처럼 하던 말이 있습니다.

"사직서에 기재한 퇴사 사유를 믿지 마라! 구성원들이 퇴사하는 근본적인 이유는 본인의 반경 30M 이내에 있는 사람들 때문이다.”

조금 단정적인 표현이기는 하지만, 그만큼 인간관계나 근무환경의 문제로 인해 회사를 오래 다니지 못하는 경우가 많다는 의미이겠지요.

구직자가 회사를 고를 때 1순위는 잘 나가는 회사(네임 밸류나 연봉이 높은 회사)일 것입니다. 그러나 막상 회사에 입사해서 근무하다 보면 주변 동료나 조직 분위기가 보다 중요하다는 것을 깨닫게 됩니다. 조직 분위기가 본인의 성향과 맞지 않는다면, 하루하루를 버티기가 어렵습니다. 따라서 잘 나가는 회사보다 본인과 잘 맞는 회사를 찾는 것이 좋습니다. 이는 외부에서 파악하기에는 한계가 있고, 입사해서 근무해 봐야 알 수 있습니다. 그렇다고 뷔페에서 골라 먹듯이 회사를 쇼핑하러 다닐 수는 없겠지요. 입사 시 신중하게 선택하고, 입사 후 2~3년간 적응기에는 주변 환경에 맞춰가는 노력을 아끼지 말아야 합니다.

‘직장 내 괴롭힘’에 대한 사회적 관심이 높아지고 있습니다. 여기서 ‘직장 내 괴롭힘’이란 “다른 근로자에게 신체적·정신적 고통을 주거나 근로환경을 악화시키는 행위”라고 정의하고 있습니다. 결국, 직장 내 괴롭힘이 없는 회사가 오랫동안 일할 수 있는 근로환경이 좋은 회사인 셈입니다.

“근로조건(임금, 근로시간 등)은 회사를 계속 다녀야 하는 이유를

제공하지만, 근로환경(인간관계, 조직문화 등)은 회사를 다니지
말아야 할 이유를 만든다."

4. 근속기간

저자는 10년간 직장생활을 하면서 몇 번의 이직을 하였습니다. 대
부분은 기업의 경영난, 구조조정 등이 이유였습니다. 2000년 전후
경제 위기를 비껴가지 못하고 온몸으로 느꼈습니다. 어쩌면 그 시
절 느꼈던 고용 불안이 '노무사'라는 직업을 선택하게 된 계기가 되
었고, 지금의 고객인 퇴사한 분들의 심정을 조금이나마 이해할 수
있게 되었다고 스스로 위로해 봅니다.

　저자와 비슷한 시기에 사회생활을 시작한 친구들도 대부분 몇 번
씩 회사를 옮겼지만, 개중에는 첫 번째 회사를 20년 이상 다니고 있
는 친구들도 있습니다. 입사할 때는 "A가 입사한 회사가 대기업이
다." "B가 다니는 회사의 급여가 높다" 등으로 누가 취업을 잘 했는
지를 판단했습니다. 그러나 지금 와서 생각해보면 좋은 회사란 규
모가 크거나 급여수준이 높은 회사가 아니라 오랫동안 근무할 수
있는 회사가 좋은 회사가 아닐까?라는 생각을 해봅니다. 특히 여성
의 근속기간이 상대적으로 짧은 편이기에 회사 내에서 흰머리 여성
구성원이 많은 회사가 일하기 좋은 회사입니다.

　우리나라의 노동자의 평균 근속기간은 5.83년으로, Oecd 국가에
서 가장 낮은 수준입니다. 참고로 Oecd 평균 근속기간은 9.27년입
니다.

회사명	1년 미만	1-3년 미만	3년 이상	평균 근속기간
근속기간	31.3%	21.8%	46.9%	5.83년

취업사이트의 구인광고는 회사의 장밋빛 비전과 높은 연봉수준을 내세워서 구직자를 유혹합니다. 잠시 머무르는 회사를 찾는 것이 아니라면, 회사가 보여주는 외형적인 수치 외에 구성원의 이직률이나 평균 근속기간을 살펴봐야 합니다.

'크레딧잡'과 같은 취업정보 사이트에서 이직률 정보를 제공하고 있습니다. 이직률은 1년간 퇴사자 수를 총인원 수로 나눈 수치로, 정년퇴직 등 기타 사유로 퇴사하는 경우까지 포함되어 약간의 오차가 발생할 수 있습니다. 이직률과 더불어 평균 근속기간을 참고할 필요가 있습니다. 상장기업의 평균 근속연수는 전자공시시스템 Http://Dart.fss.or.kr을 통해 확인할 수 있습니다.

"365일 상시 채용하는 회사는 잘 나가는 회사다.
회사의 실적이 잘 나가거나, 구성원이 잘 나가는 회사다."

◆ 「경제활동인구조사」, 통계청

일터에서 당신의 우선순위는 무엇입니까?

◆

노동자라면 누구나 희망하는 근로조건은 짧은 시간 일하고, 높은 임금을 받는 것입니다. 게다가 정년까지 보장해준다면 더 이상 바랄 게 없습니다. 그러나 주변에서 이러한 조건을 모두 갖춘 회사를 찾아보기가 매우 어렵습니다. 이중 일부는 포기하거나, 우선순위를 정하는 것이 현실적입니다. 이들 세 가지 조건 중 어느 하나도 덜 중요한 것이 없기에 선택하기가 쉽지 않습니다. 최근에는 노동자가 회사를 옮기지 않더라도 재직 중에 근로조건이 변경되는 경우가 자주 발생합니다. 임금피크제나 근로시간 단축 청구권을 행사할 수 있기 때문입니다.◆

어느 날 회사에서 당신에게 "가장 중요하게 여기는 근로조건은 무엇입니까?"라고 묻는다면 망설임 없이 이에 대한 답변을 해야 합니다. 개인별 성향이나 환경에 따라서 우선순위가 달라질 수 있으나, 매슬로우(Abraham Maslow)의 욕구 5단계에 연결하여 생각해 보고자 합니다.

가장 먼저 인간의 생리적 욕구를 해결하기 위해서는 경제적 교환 수단인 돈이 필요합니다. 1980년대 말 민주화 운동 이후 저 임금에 시달리던 노동자들이 가장 먼저 요구한 근로조건은 '임금 인상'이

◆ 노동자가 생애 주기별 수요(가족 돌봄, 본인 건강, 은퇴준비 및 학업)에 따라 근로시간 단축을 청구할 수 있는 내용을 남녀고용평등법에 신설. 2020년 1월부터 상시 300인 이상 사업장, 공공기관 시행

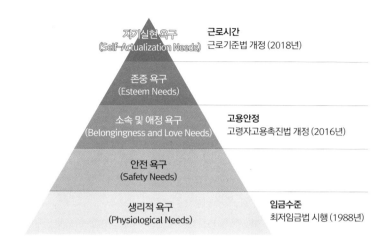

욕구 5단계와 근로조건

자기실현욕구
(Self-Actualization Needs)
근로시간
근로기준법 개정 (2018년)

존중 욕구
(Esteem Needs)

소속 및 애정 욕구
(Belongingness and Love Needs)
고용안정
고령자고용촉진법 개정 (2016년)

안전 욕구
(Safety Needs)

생리적 욕구
(Physiological Needs)
임금수준
최저임금법 시행 (1988년)

었습니다. 노동조합이 주도하는 임금협상을 춘투(春鬪)라고 표현할 정도로 임금인상에 대한 열망이 높았습니다. 이에 따라 1986년 12월 31일에 최저임금법이 제정되었고 1988년 1월 1일부터 최저임금제가 시행되었습니다. 당시 최저임금은 시간당 462.5원으로, 현재의 이십 분의 일(1/20) 수준이었습니다.

〈최저임금법〉

제1조(목적) 이 법은 근로자에 대하여 임금의 최저수준을 보장하여 근로자의 생활안정과 노동력의 질적 향상을 꾀함으로써 국민경제의 건전한 발전에 이바지하는 것을 목적으로 한다.

2000년 전후 구조조정기를 거치면서 명예퇴직, 희망퇴직이라는 이름으로 회사를 떠나는 노동자들이 늘어나게 되면서 '고용안정'이 주요한 사회적인 이슈가 되었습니다. 2016년 '고용상 연령차별금지 및 고령자고용촉진에 관한 법률' 개정으로 법정 정년제가 시행되면서 노동자의 고용안정성을 높일 수 있는 전환점이 되었습니다.

〈고용상 연령차별금지 및 고령자고용촉진에 관한 법률〉

제19조(정년)
① 사업주는 근로자의 정년을 **60세 이상**으로 정하여야 한다.
② 사업주가 제1항에도 불구하고 근로자의 정년을 60세 미만으로 정한 경우에는 정년을 60세로 정한 것으로 본다.

　　동 법령에서 정년을 60세라고 못 박지 않고 '60세 이상'이라고 명시한 이유는 향후에 추가적인 정년연장에 대한 여지를 남긴 것으로 해석됩니다.

　　최근에는 It기술의 발전에 따라 장기간 근로를 부추기는 관행이 늘어나자, 조직 내외에서 근로시간을 줄이고 효율적으로 일을 해야 한다는 목소리가 높아졌습니다. 이에 따라 2018년 7월부터 근로시간 단축법령이 시행되고 있습니다.

　　이와 같이 일반적인 노동자의 욕구는 임금수준 향상 → 고용 안정 → 근로시간 단축으로 변해왔습니다. 어떤 이는 사회복지에 대한 사명감을 실천하기 위해서 복지관에 취업을 하였으나, 너무 낮

<근로기준법>
제2조(정의) 7. "1주"란 휴일을 포함한 7일을 말한다.
(시행일)
1.상시 300명 이상 사업장, 공공기관: 2018년 7월 1일
2.상시 50명 이상 300명 미만의 사업장: 2020년 1월 1일
3.상시 5명 이상 50명 사업장: 2021년 7월 1일

은 처우로 인해 다른 분야로 진로를 바꾼 경우도 있고, 또 다른 이는 프리랜서 디자이너로서 높은 임금과 자유로운 근로시간을 선호하다가 고용불안을 느끼고 정년까지 고용을 보장해 주는 기업에 취업한 경우도 있습니다.

이전보다 늘어난 수명으로 인해 노동 가능 기간이 확대되었고, 이전보다 직장이나 직업을 바꿀 기회가 많아졌습니다. 선택의 기로에서는 순간 마음속 깊은 곳의 우선순위를 다시 한번 생각해 볼 필요가 있습니다. "일터에서 나의 우선순위는 임금수준, 고용안정, 근로시간 아니면 그 무엇인지를"

"직업은 당신의 기쁨과 세상의 허기가 만나는 장소다."
– 정여울 작가

당신은 근로자입니까? 노동자입니까?

◆

당신은 노동자입니까?라는 질문을 받으면 잠시 머뭇거리게 됩니다. 매월 월급을 받고 일하고 있지만 노동자라고 여기지 않는 사람들이 꽤 많은 것 같습니다. 특히 사무직들은 "육체 노동자들을 노동자라고 하지, 나는 샐러리맨이다."라고 생각하는 사람들도 적지 않습니다. 아마도 '노동'이나 '근로'라는 단어가 주는 딱딱한 어감 때문일 것입니다.

그동안 노무사로 일을 하면서 근로자, 근로시간 등 '근로'라는 단어에 익숙해져서 '노동'과의 차이에 대해서 깊게 생각하지 못했습니다. 그러던 중 지난 2018년 3월 발의된 헌법 개정안을 계기로 '근로와 노동'의 의미에 대해서 관심을 가지게 되었습니다. 헌법 개정안의 내용은 다음과 같습니다.

〈2018년 헌법 개정안〉
• 일본제국주의 및 군사독재 시대에 사용되어 온 '근로'라는 용어를 '노동'으로 바꾸고, 헌법적 의무로 보기 어려운 '근로의 의무'를 삭제

'근로'에서 '노동'으로 전환은 단순한 용어 변경의 차원을 넘어서, '일을 대하는 태도'나 '일하는 사람의 범위'가 달라지는 결과를 가져올 수 있습니다.

첫째, 일을 대하는 태도가 달라집니다.

'근로(勤勞)'는 '근면할 근', '일할 로'의 조합으로 '부지런히 일함'이라는 의미를 가지고 있으나, '노동(勞動)'이란 '일할 로', '움직일 동'으로 쓰며 '사람이 생활에 필요한 물자를 얻기 위하여 육체적 노력이나 정신적 노력을 들이는 행위'를 뜻합니다. 노동계에서는 '사용자'라는 단어는 어떤 의무나 주관을 내포하고 있지 않지만 '근로자'는 '부지런히 일한다'는 의미가 내포되어 있어 불공평하다고 주장하고 있습니다. 어느 정도 설득력이 있는 주장입니다. 또한, 노동이라는 단어가 주체적이고 자율적으로 일하는 느낌을 줍니다.

하지만, '근로'에서 '부지런히'가 제외된 '노동'으로 바뀌더라도 노동자는 대충대충 일해서는 안될 것입니다. 근로계약도 민법상 신의성실원칙을 기반으로 하고 있기에 노동자는 충실의무를 지켜야 합니다. 주어진 업무를 완수하기 위해서 쓰러질 정도는 아니더라도 충실히 일해야 합니다.

근대 시민법에서는 당사자간 자유롭고 대등한 계약 체결을 기본으로 하고 있습니다. 그러나 시민법 원리를 수정한 노동법은 사용자의 지시를 받고 일하는 노동자의 권리를 두텁게 보호합니다. 요컨대, 시민법은 수평적 관계를 노동법은 수직적 관계를 전제하는 것입니다. 일하는 과정에서 노동자는 사용종속관계에 놓이게 되며, 종속노동은 '인적 종속성'과 '경제적 종속성'으로 구분할 수 있습니다.

그러나 사업구조가 복잡해지고, 사람들의 가치관이나 생각이 다

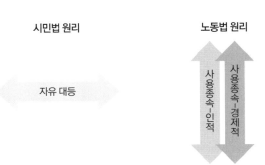

<table>
<tr><td colspan="2" align="center">시민법과 노동법의 원리</td></tr>
<tr><td align="center">시민법 원리</td><td align="center">노동법 원리</td></tr>
<tr><td align="center">자유 대등</td><td align="center">사용종속-인적 / 사용종속-경제적</td></tr>
</table>

양해짐에 따라 자신에게만 유리하게 해석하려는 경향이 발생하고
있습니다. 사용자는 노동력을 전속적으로 사용하면서(인적 종속성 요
구) 고용과 임금은 시장원리에 따라서 결정하려는 시도(경제적 종속
성 외면)가 나타나기도 합니다. 반면에 노동자는 독립적인 업무 수행

사용자와 노동자의 생각의 차이

극단적인 사용자   극단적인 노동자

업무수행(인적종속)   임금지급(경제적 종속)   외면

업무수행(인적 종속)   임금지급(경제적 종속)   독립

을 요구(인적 종속적 독립)하면서, 고용이나 임금은 사용자가 전적으로 책임져야 한다고 주장(경제적 종속성 요구)하는 경우도 있습니다.

이와 같이 노동의 개념을 혼동하게 되면 분쟁이 발생할 수 있습니다. 얼마 전 부당해고사건에서 회사측을 대리하였습니다. 사건의 개요는 회사의 업무상 필요성에 따라 노동자 P에게 A업무에서 A′업무(유사 업무)로 업무 변경을 지시하였는데, P는 업무지시를 계속 거부하고 기존 업무를 그대로 수행하다가 해고된 사건이었습니다. P는 이렇게 주장하였습니다.

"대표자와 나는 동등한 관계이기에, 나에게 사전 동의를 받지 않은 업무 변경은 원천 무효다."

노동위원회는 P의 주장을 받아들이지 않았습니다. 사용자는 노동자의 생활상 불이익이 크지 않은 범위 내에서 노동자에게 업무 변경을 명할 수 있습니다.

이와 같이 이중적인 잣대를 적용하는 사용자나 노동자는 일시적으로 노력에 비해 초과이익을 얻을 수 있습니다. 그러나 노사관계는 상대방이 존재하는 구조이므로 상대방이 바보가 아닌 이상 이와 같은 불균형이 지속되기는 어렵습니다. 결국 사용자가 사업을 접거나 노동자가 퇴사하는 결과를 초래합니다. 장기적인 공존을 원한다면 노사 모두 자신의 의무(투입)에 상응하는 권리(산출)를 주장해야 합니다.

둘째, 일하는 사람의 범위가 달라집니다.

영어로 근로자를 Employee로 표현하고, 노동자는 Worker로 부릅니다. Worker라는 단어에는 노동자 이외에 '일꾼, 품팔이하는 사람' 의미가 포함되어 있어서 비정규직이나 특수형태종사자까지 포함합니다. 이후에 '근로 → 노동'으로 바꿔 부르게 되면 정규직 이외의 다양한 형태의 노동권까지 보호하는 계기가 될 수 있습니다.

주변에서 쉽게 만날 수 있는 택배기사, 배달 라이더, 대리운전기사 등 특수형태종사자는 비교적 자유롭게 노동을 제공하지만, 사업주와 대가(임금)를 결정하는 과정에서 집단적인 협상력을 발휘하기가 쉽지 않습니다. 사무실이나 공장과 같이 전형적인 장소에서 일하는 사람들은 노동법을 적용받지만, 외부에서-시시때때로-서비스를 제공하는 사람은 노동법의 사각지대에서 일하는 경우가 많습니다. 근로에서 노동으로 개념 확대와 제도 개선을 통해 노동법의 울타리를 넓힐 수 있습니다.

'근로 → 노동'의 변경은 단순한 용어 변경의 차원을 넘어서 노사 관계의 구조를 바꾸는 계기가 될 수 있습니다. 노동법의 기본 취지를 유지한 채 노동자가 자율적이고 주체적으로 일하며, 이에 따라 기업의 성과도 향상되고 더 많은 노동자들이 제도권의 보호를 받을 수 있는 '노동', '노동자'가 되어야 합니다. 지금은 너무나 익숙한 '근로복지공단'이 언젠가는 '노동복지공단'으로 바꿔 부르게 될 날이 올지도 모르겠습니다.

정규직이란 어떤 의미일까?

◆

평소에 자주 사용하는 우리말인데, 갑자기 새삼스러울 때가 있습니다. '정규'라는 말이 그렇습니다. '정식' 또는 '정상'이라는 의미이지만, 오히려 '정규직'이라고 붙여서 표현하는 경우가 더 많습니다. '정규직'을 바라보는 노사 간 시각이 조금 다를 수 있습니다.

경영자가 바라보는 정규직은

경영자의 책무 중 가장 중요한 덕목은 사업의 지속 가능성입니다. 일부 예외는 있지만, 폐업 시기를 정해놓고 사업하는 경우는 흔치 않습니다. 지속적으로 경영하기 위해서는 주된 사업분야에 정식 구성원을 채용하는 것이 자연스럽고, 이러한 상태가 정상적입니다. 다만, 한시적 사업 등 주된 사업이 아닌 영역에서 정규직을 채용하기가 부담스러울 수 있습니다. 이러한 관점에서 정규직과 비정규직을 아래와 같이 구분할 수 있습니다.

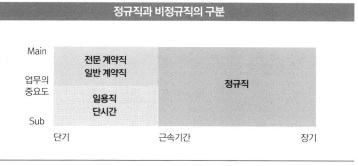

정규직과 비정규직의 구분

이처럼 정규직과 비정규직을 결정할 때는 '시간적 요소'를 기준으로 결정해야 합니다. 그러나 일부 경영자는 '비용적 요소'를 기준으로 정규직과 비정규직을 구분하기도 합니다. 기업 내 주된 업무 또는 지속적인 업무임에도 불구하고 비정규직을 사용합니다. 이와 같은 경우에는 비정규직에 대한 낮은 처우 → 직무 몰입도 약화 → 이직률 증가 → 업무 공백 및 간접비용이 증가하는 악순환이 반복됩니다. 우리나라의 정규직 대비 비정규직의 임금수준은 약 50%로, 유럽의 80% 수준에 비해 현저히 낮은 수준입니다.

때로는 동일 유사한 업무를 하는데도 불구하고 노동자의 입사 시기에 따라서 정규직과 비정규직으로 나뉘기도 합니다. 우리 회사의 고용형태 결정 기준에 대해 다시 한번 생각해 볼 필요가 있습니다.

"경영자가 바라보는 정규직은 '높은 비용을 지불해야
하는 사람'이다."

노동자가 바라보는 정규직은

법률적 시각에서 정규직은 '계약기간의 정함이 없는 노동자'를 의미하므로, 노동자 입장에서 정규직은 정년까지 근무할 수 있는 사람이라고 생각할 수 있습니다. 그러나 우리 주변에서 정년퇴직하는 사람을 찾아보기가 어렵고, 우리나라 노동자의 평균 근속연수가 길지 않다는 사실을 감안할 때 이는 설득력이 부족합니다. 또한 정년까지 근무할 생각이 없는 노동자라고 하더라도 입사 시 정규직을 마다할 이유는 없습니다. 정규직은 비교적 중요한 업무를 수행하며 임금도 높은 편이기 때문입니다. 그리고 크게 잘못하지 않으면 회사에서 쫓겨날 가능성도 적기 때문에 심리적인 안정감까지 줍니다.

　정규직인지 비정규인지가 주요한 근로조건임에도 불구하고 노사 간에 이를 가볍게 여기고 근로계약을 체결하는 경우가 많습니다. 고용형태를 명확히 하지 않고 채용하면 이후에 노동자는 정규직이라고 주장하고 경영자는 기간제 근로자로 주장할 수가 있습니다. 이와 관련된 노동위원회의 판정이 있습니다. 근로계약서에 "근로계약기간은 1년으로 한다."라고 명시하였으나 계약서 작성 당시 인사담당자가 해당 입사자에게 아래와 같이 말했다고 합니다.

"통상적으로 근로계약기간은 1년으로 기재하나, 이는 형식에 불과하고
계속 근로하는데 문제없습니다."

　그러나 회사는 1년 후 고용 종료를 통보하였고, 해당 노동자는 인사담당자의 설명을 근거로 정규직이라고 주장하였으나, 노동위원회는 이를 받아들이지 않았습니다.

"계약기간이 명확히 정해진 계약서가 존재하는 상황에서 본 근로계약은
기간제 근로계약으로 보아야 한다." ◆

◆ 중앙2018부해718

결국 '계약기간 1년'은 그 이상도 이하도 아닌 것이기에 근로계약서 작성 시 정규직인지 기간제인지를 명확히 확인할 필요가 있습니다.

한편, 근래에 공공기관을 중심으로 비정규직의 정규직 전환이 활발히 이뤄지고 있습니다. 이러한 분위기에서 무기계약직이 정규직으로 전환되는 경우도 늘어나고 있습니다. 민간기업에서 찾아보기 어려운 '무기계약직' 그들은 누구인가?

근로기준법 "제16조(계약기간) 근로계약은 기간을 정하지 아니한 것과 일정한 사업의 완료에 필요한 기간을 정한 것 외에는 그 기간은 1년을 초과하지 못한다."라고 명시하고 있습니다. 따라서 기간을 정하지 않은 노동자는 정규직으로, 기간을 정한 노동자는 기간제로 구분합니다.

그렇다면 무기계약직은 정규직의 또 다른 표현으로 그들은 이미 정규직인데도 불구하고 정규직 전환을 요구하는 것이 이해되지 않을 수 있습니다. 그러나 노동자가 생각하는 정규직은 고용안정뿐만 아니라 경쟁력 있는 임금을 받을 수 있는 일자리를 말합니다. 아무리 정년이 보장되더라도 임금수준이 기간제와 다르지 않다면 진정한 정규직으로 생각하기는 어렵습니다.

"노동자가 생각하는 정규직은
회사 내에서 '우월한 지위에 있는 사람'이다."

갑의 숫자에 따른 을의 태도

◆

'갑질'이라는 단어를 언제부터인가 자주 접하게 되었습니다. 그 이유가 예전보다 갑질이 심해져서일까? 아니면 을들이 목소리가 모아져서일까? 어찌 됐든 시대의 변화를 반영하여 근로기준법에 '직장 내 괴롭힘의 금지'에 대한 내용이 신설되어 시행(2019. 7.16)되고 있습니다. 을과 비교되는 갑의 이미지는 언제나 강하고 위협적인 존재로 느껴집니다. 그러나 갑의 유형도 다양하고 존재방식이나 갑의 숫자에 따라서 을에게 미치는 영향력에 차이가 발생합니다.

갑의 숫자가 1명, 다수, 불특정 다수, 없음에 따라서 을이 일하는 태도가 달라지는 것을 종종 경험합니다.

• 1명의 갑

카페, 편의점 등 소규모 사업장에서 일하는 노동자의 갑(경영자)은 1명인 경우가 대부분입니다. 근로시간뿐만 아니라, 개인적인 시간까지 경영자의 영향력이 미칠 가능성이 높은 유형입니다. 갑이 을에게 열악한 근로환경에 상응하는 추가적인 혜택을 제공하지 못한다면 그냥 거쳐가는 임시적인 일터가 될 수밖에 없습니다.

• 다수의 갑

법률, 회계, 건축 등 전문분야에서 공동대표 등 파트너십 형태로 운영하는 조직에서는 다수의 갑이 존재합니다. 이와 같은 기업에서 일하는 노동자의 근로환경은 천차만별입니다. 리더십의 분산으로 인해 비교적 자유롭게 일할 수 있는 경우도 있지만, 사공이나 시어머니가 많아 어느 장단에 맞춰 일을 해야 할지 몰라서 눈치만 늘어가는 경우도 있습니다.

• **갑이 불특정 다수**

갑의 숫자가 많다고 모두 을에게 불리한 상황은 아닙니다. 공무원이나 공공기관 구성원과 같이 갑이 불특정 다수인 경우에 을은 비교적 자유롭게 일할 수 있습니다.

• **갑이 없음**

업무를 위해 자주 방문하는 빌딩이 있습니다. 그곳의 주차장, 엘리베이터 등의 관리상태가 형편없어서 입주사 직원에게 물어보니, 관리사무소 직원이 상전이라고 합니다. 주변에 상권이 형성되지 않아서 공실이 늘어났고 몇 년째 입주자 대표회의체가 구성되지 않았다고 합니다. 관리사무소 직원들은 누구의 관리도 받지 않습니다.

한편, '을질'이라는 것도 존재할까요? 대기업 계열사인 I사가 협력업체와 맺은 도급계약서를 살펴보니, '갑' 위치에 협력업체를 '을' 위치에 I사를 표시하였습니다. 이와 같이 계약서상에 위치를 바꾸면 '갑질'은 없앨 수 있겠지만, 새로운 '을질'이 나타나지 않을까요?

얼마 전 외근을 가던 길에 지인에게 소개를 받았다며 모 중소기업의 담당자로부터 연락을 받았습니다. 퇴사한 직원이 노동위원회에 '부당해고 구제신청'을 하였는데 도와줄 수 있느냐? 는 내용이었습니다.

"물론 도와드릴 수 있는데, 우선 상담 일정을 정해야 하는데…"
저의 말이 끝나기도 전에
"오늘 당장 오실 수 있나요? 다음 주까지 답변서를 제출해야 해서요.
계약은 제가 알아서 처리해 드릴 테니 이후 절차는 걱정하지 마시고요."

사실 이날은 두건의 미팅과 강의가 있어서, 업무시간 중에 방문하기가 어려웠습니다.

"조금 늦게라도 괜찮으시면 7시까지 방문하겠습니다." 서둘러 일을 마치고 회사에 방문하여 내용을 들어보았습니다.

사건의 요지는 경리 직원이 업무처리 절차를 지키지 않아서 회사에 손해가 발생하였고, 회사는 해당 직원을 해고했다고 하더군요. 해고된 직원은 "정해진 절차는 없었고, 이전에 관행대로 처리했기 때문에 문제될 것은 없다"라고 주장하고 있었습니다. 서로의 시각 차이가 커서 누구의 말이 맞는 것인지?를 판단하기 쉽지 않은 상황이었습니다.

회사 담당자와 2시간가량의 미팅을 끝내고, 다음날 초안을 작성하여 계약서와 함께 메일을 보냈습니다. 그러나 이후 "고맙다"는 문자 메시지 이외에 별도의 연락은 오지 않았습니다.

"갑질 당해본 사람 57%는 또 다른 '갑' 됐다" ◆

"일반적으로 갑질 피해자들이 부당한 갑질에 굴복하고 적응하게 될 경우,

손상된 자존감을 보상받기 위해 자신보다 취약한 또 다른 '을'에게

되갚아주는 것은 아닌지 우려되는 대목이다."

◆ 정한울, "갑질 당해본 사람 57%는 또 다른 '갑' 됐다", 한국일보, 2018. 09. 08

함께 일하기

내 일만 잘하는 사람들

◆

어느 날 지인의 소개로 중소 제조기업의 대표자와 상담했을 때 일입니다. 대표자는 생산직 E 때문에 머리가 아프다고 하더군요. 해당 기업은 다품종 소량생산방식이기에 제품의 종류에 따라 생산 방식이 조금씩 달라지는 경우가 자주 발생한다고 합니다. 작업 방식이 변경되면 전후 공정간 긴밀하게 조정하고 협의를 해야 정상적인 작업이 가능한 상황이라고 합니다.

그러나 E는 본인에게 주어진 정형적인 일만 하고, 상황 변화에 따라 발생하는 일은 "나 몰라라" 한다고 합니다. E는 절대로 한 눈(?)을 팔지 않는 사람입니다. 이로 인해 작업이 지연될 뿐만 아니라 주변 동료들이 추가적인 업무를 떠안게 된다고 합니다. E가 새로 입사한 후배들에게 입버릇처럼 하는 말이 있다고 합니다.

"야! 그런 일 도와주면 안 돼, 너만 힘들어", "다른 애들 버릇 나빠진다."

　내 일만 잘하면 될까? 동료와 협력해야 할까?라는 고민은 직장인이라면 누구나 한 번쯤 해봤을 것입니다. 철학자 장 자크 루소가 이야기한 '사슴사냥게임'을 통해 이에 대한 해답을 찾아보자고 합니다.

　두 명의 사냥꾼이 사슴과 토끼를 뒤쫓고 있는데 혼자 사냥에 나선다면 토끼(값 2)를 잡을 수 있고, 두 사람이 힘을 합치면 토끼보다 가치가 높은 사슴(값 4)을 잡을 수 있습니다. 이런 상황에서 토끼를 잡아야 할지, 사슴을 잡아야 할지를 결정해야 합니다. 사냥꾼 A와 B의 선택지를 표로 나타내면 다음과 같습니다.

| 사슴 사냥 게임 |

구분	사냥꾼 B "사슴"	사냥꾼 B "토끼"
사냥꾼 A "사슴"	(4, 4)	(0, 2)
사냥꾼 A "토끼"	(2, 0)	(2, 2)

　두 사람에게 최선의 선택은 모두 사슴을 잡는 것(4, 4)입니다. 그러나 현실에서는 상대방의 의중을 정확히 파악하지 못하고, 나 홀로 사슴을 잡다가 허탕치는 (2, 0) (0, 2) 경우가 발생합니다. 이러한 부정적인 경험들이 쌓여서 차라리 마음 편하게 나 홀로 토끼만 잡겠다(2, 2)는 소박한 마음을 먹기도 합니다. 누가 봐도 사슴을 잡는

것이 서로에게 도움이 된다는 것은 잘 알지만, 상대방을 신뢰하기 어려운 경우에는 어쩔 수 없이 차선을 선택하게 됩니다. 따라서 경영자는 구성원에게 조직의 목표가 '사슴'이라는 것을 명확하게 알려줄 필요가 있습니다. 혹시 구성원이 토끼에 한눈 팔지 않도록 믿음과 신뢰를 심어주는 것이 경영자가 가장 우선적으로 해야 할 일입니다.

저자가 즐겨보는 TV 프로 중 '나는 자연인이다'라는 프로그램이 있는데, 출연하는 자연인들은 아침을 먹자마자 점심을 준비하고 이어서 저녁식사 준비를 합니다. 하루 종일 끼니를 해결하는데 시간을 투자합니다. 물론 이러한 과정이 여유롭고 행복해 보이지만, 공동체 사회의 협력이나 분업의 혜택을 누리기는 어려운 것입니다. 사람의 마음에는 타인이나 세상을 향한 밸브가 있습니다. 밸브에는 Open, Close, Automatic 3가지 옵션이 있습니다. 일터에서 사슴을 잡으려면 상대방에게 먼저 다가가거나(Open) 최소한 상대방의 호의를 기꺼이 받아줄 수(Automatic) 있어야 합니다.

Open	Automatic	Close
사슴	사슴 or 토끼	토끼 or 허탕

저녁시간의 여유를 즐기기 위해서

◆

우리나라 노동자의 연간 노동시간은 2,024시간(2017년 기준)입니다. OECD 평균보다 278시간 더 일하고 있습니다. 조금 더 알기 쉽게 풀어보면, 278시간을 하루 소정근로시간 8시간으로 나누면 34.75일이 됩니다. 즉 우리나라 노동자들이 1년에 35일을 더 일하는 셈이 됩니다.

| 2017년 OECD 주요 국가별 노동시간 및 시간당 생산성 |

구분	근로시간	시간당 생산성(USD)	비고
멕시코	2258	18.81	
한국	2024	34.3	
노르웨이	1419	80.69	
OECD평균	1746	48.12	

이를 그래프로 나타내 보면, 일정한 추세를 확인할 수 있습니다.

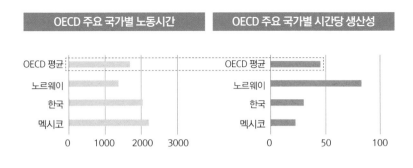

노동시간이 가장 긴 멕시코의 생산성은 꼴찌 수준이고, 생산성이 상위권인 노르웨이의 노동시간이 매우 짧다는 점입니다. '시간당 생산성'을 계산하는 공식이 GDP÷총생산(노동)시간이므로 분모인 노동시간이 길어질수록 생산성은 낮아질 수밖에 없습니다.

그렇다면, 노동시간이 길어져서 생산성이 낮아지는 것일까요? 생산성이 낮기 때문에 오래 일할 수밖에 없는 것일까요? 이와 관련하여 미국 스탠퍼드 대학의 존 펜카벨(John Pencavel) 교수의 연구내용을 살펴보면, 노동시간이 늘어날수록 비례하여 생산량이 증가하지만, 주당 노동시간이 50시간을 초과하는 시점부터 생산량이 크게 증가하지 않는 현상이 발생한다고 합니다.

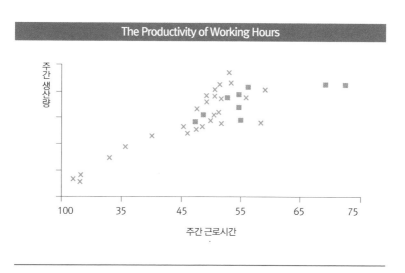

주 50시간을 초과하는 구간에서는 노동시간이 길어지면 생산성

이 낮아지게 되는 결과를 초래하게 됩니다. 사람은 누구나 한계치에 다다르면 일을 조정하려는 본능이 발동하는 것 같습니다. 장시간 노동환경에서 근로시간 단축은 인간의 본성을 거스르지 않고 효율적으로 일하기 위한 시도로 볼 수 있습니다.

반면에 생산성이 낮기 때문에 오랜 시간 일할 수밖에 없는 것은 아닌지에 대해서도 생각해 볼 필요가 있습니다. 근로시간과 임금 통계를 분석해 보면, 시간당 임금이 높은 노동자는 적정 시간 노동하고, 시간당 임금이 중간인 노동자는 장시간 노동을, 저임금 노동자는 초장시간 노동을 통해 소득을 보전하는 현상이 나타납니다.

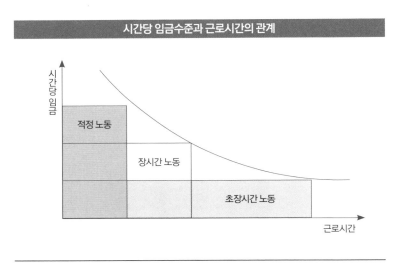

얼마 전 경기도 광주에서 가구를 만드는 F사 대표자와 미팅을 하게 되었습니다. 대표자는 사업을 운영하기가 어렵다면서 "요즘은

외국인 노동자도 월 300만원 넘게 받아요."라며 불만을 토로하였습니다. 그러나 외국인 노동자의 기본급은 최저임금이었고 내국인이 꺼려하는 휴일·야간근로까지 초장시간 근로의 대가로 지급받은 것입니다.

그렇다면 이처럼 개인별 시간당 임금의 차이가 발생하는 이유는 무엇일까요?

① 개인별 능력 및 기여도의 차이
② 기업별, 고용형태별로 임금을 차등 지급
③ 비효율, 낭비

① 기업에 많은 이익을 안겨주는 노동자에게 더 높은 임금을 지급하는 것은 시장경쟁체제에서 당연한 현상입니다.
② 동일한 일을 수행하는데 중소기업 또는 비정규직이라는 이유로 임금수준에 차이가 나는 구조적인 문제가 발생합니다. 이는 사회적으로 해결해야 할 차별입니다.
③ 조직 분위기, 일하는 방식, 개인별 성향에 따라 노동시간이 비효율적으로 사용되는 경우가 있습니다.

노동시간은 임금과 직결되어 있기에 노동시간만 통제해서는 노동자에게 저녁이 있는 삶을 안겨 주기가 어렵습니다. ② 차별을 해결하기 위해서는 사회적 노력이 필요하고 ③ 낭비를 줄이기 위한 경영자와 구성원 개인의 노력이 뒷받침되어야 합니다. 그렇지 않으면 노동자는 부족한 임금을 메꾸기 위해 퇴근 후 투잡(Two Job)을 해야 할지도 모릅니다.

현행 임금수준을 유지하면서 노동시간이 줄어드는 것을 마다할 노동자는 없을 것입니다. 그러나 경영자 입장에서 높아진 시간당 임금에 상응하는 생산성 향상이 뒤따르지 않는다면, 사업을 지속할 수 있을지에 대해 고민에 빠질 수밖에 없습니다. 결국 노동시간 단축이 성공하기 위해서는 '구성원의 생산성 향상 = 경영자의 임금 보전'이 동시에 이뤄져야 합니다. 현실적으로 생산성 향상에 시차가 발생할 수 있기에 경영자가 주도권을 가지고 먼저 임금을 보전(일부 보전 + 성과 공유)하고, 구성원의 참여를 유도하는 것이 바람직합니다.

인생은 길게, 노동시간은 짧게

◆

올해 중학교에 들어간 아들에게 장래희망에 대해 물어보니, "돈 많은 백수"라고 합니다. 농담인 듯 던진 말이겠지만 틀린 말은 아닌 것 같습니다. 사람은 누구나 여유로운 생활을 꿈꿉니다. 이를 위해서 필요한 것은 돈과 시간입니다.

최근에 노동자의 관심분야가 임금에서 노동시간이나 휴식으로 옮겨가고 있는 것 같습니다. 저자가 노동법 강의를 할 때 수강생들

이 가장 많이 질문하는 분야가 노동시간과 휴가입니다. 물론 예외는 있습니다. 중소기업에서 일하는 외국인 노동자는 휴가보다 임금을 선호하기도 합니다. 그래서 주말에 휴일근로를 더 시켜달라고 요구하는 경우도 적지 않습니다. 노동시간 단축에 대해 장년보다 청년들이 훨씬 높은 관심을 보이고 있습니다.

"퇴사가 유행하는 이유는 퇴사할 자유는 있어도
퇴근할 자유는 없기 때문이다."

존 메이너드 케인스는 에세이 '우리 후손을 위한 경제적 가능성'에서 "경제 발전에 따라 시간당 생산성이 점차 증가하면서 평균 노동시간도 현저히 줄어들 것"이라고 예측했습니다. 우리가 지금 누리고 있는 생활수준은 상당 부분이 조상의 덕이고, 오늘 일터에서 흘린 우리의 땀방울은 자녀 세대의 노동시간을 줄이는데 도움이 될 것입니다. 시간이 흘러갈수록 노동시간이 줄어드는 추세를 역행하기는 어려울 것입니다.

한편, 노동자가 노동시간을 훔쳐서 자유를 즐겨야 한다고 주장하며, 회사 내에서 시간 훔치기 기술, 이른바 공노동(Empty Labor) 전술이 언급되기도 합니다. 저도 사회 초년생 시절에 빠른 Alt+Tab(화면 전환 단축키) 기술을 사용하여 상급자 몰래 개인적인 시간으로 사용했던 적이 있습니다. 일하는 중간중간에 잠깐의 휴식을 취할 수는 있으나, 의도적으로 노동시간을 훔치는 것은 전혀 다른 접근방식입니다.

지속적으로 노동시간을 줄이기 위해서는 투쟁적 개념의 '공노동'은 지양돼야 합니다. 오히려 주어진 시간에 효율적으로 일하는 방법을 찾아내고, 다양한 기법 및 장치를 활용하여 노동시간 단축으로 인해 생산성이 떨어지지 않도록 하는 것이 중요합니다. 노동시간 단축의 기본 전제는 사업의 '지속 가능성'입니다. 사업성이 없음에도 불구하고 계속 운영하는 경영자는 사회적 기업이나 자선사업 이외에는 없을 것입니다.

미국의 유명 비즈니스 저널인 하버드비즈니스리뷰는 '밥 포젠'의 짧은 강의를 인터넷 사이트에 올렸습니다. 포젠 박사가 말하는 바쁜 사람들의 생산성 비결은 크게 세 가지입니다.◆

첫째, 결과에 집중한다는 것이다.
둘째, 자신만이 기여할 수 있는 특별한 일에 집중한다.
셋째, 생산적인 사람은 효율적으로 일할 수 있는 환경에 대해 생각한다.

◆ 황미리 기자, "엄청 바쁜사람의 생산성 비결", 매일경제, 2011. 04. 15

'생산성'이라는 단어가 주는 어감은 경영자의 이익을 위한 것으로 느껴집니다. 그러나 이는 노동자의 이익과도 무관하지 않습니다. 노동자가 일하는 이유는 대가를 목적으로 하는 것 이외에 일 자체에서 기쁨을 느끼는 것도 포함됩니다. 생산적인 작업환경에서는 노동자가 일에 몰입하게 되고, 개인적인 성취감을 맛볼 수 있습니다. 즉, 일에 집중 → 숙련도 증가 → 성취감을 느낄 수 있습니다. 노동시간을 줄이기 위해서만 아니라 일하는 보람을 느끼기 위해서도 일에 대한 집중력을 회복할 필요가 있습니다.

> 리듬을 단절하지 않는 것. 장기적인 작업을 하는 데에는 그것이 중요하다.
> 일단 리듬이 설정되기만 하면, 그 뒤는 어떻게든 풀려 나간다. 그러나 탄력을
> 받은 바퀴가 일정한 속도로 확실하게 돌아가기 시작할 때까지는 계속 가속하는
> 힘을 멈추지 말아야 한다는 것은 아무리 주의를 기울인다고 해도 지나치지 않다.
> ─ 무라카미 하루키

놓칠 수 없는 다섯 개의 공

◆

최근에 워라밸(Work & Life Balance)이라는 말을 자주 접하게 됩니다. 일·생활 균형으로 해석할 수 있는데, 일과 대립되는 개념은 가족 → 가정 → 생활 순으로 바뀐 것으로 보입니다. 저자는 10년 전 '가족친화 컨설팅'을 수행한 적이 있습니다. 본 컨설팅은 가족 구성원인 여성에 초점을 맞춰 여성 노동자의 근로환경 개선을 주된 내용으로 하였습니다. 이후에 등장한 '일·가정 양립 컨설팅'에서 가정

은 일을 위해 희생해야 하는 대상이 아니라, 일과 대등한 관계로 격상되었습니다. 이는 노동자의 삶의 질 향상과 조직의 성과 향상이라는 듀얼 어젠다(Dual Agenda)로 방향을 전환한 것입니다.

　최근에 고용노동부에서는 '일·생활 균형' 캠페인을 진행하고 있습니다. 가족 형태가 변하고 일을 제외한 영역을 가정으로만 한정하기가 어렵기에 적절한 용어 선택으로 보입니다. 또한 장시간 근로로 인해 여가시간이 부족한 노동자의 요구를 정확히 반영한 표현입니다. 그러나 '생활'은 현재 시점에서 균형이므로, 미래까지 포괄하기에는 부족해 보입니다. 앞으로 기대수명이 계속 늘어나고, 노동자의 정년이 연장된다면 개별 노동자의 인생관점에서 일하는 기간이나 방식에 대한 균형 조정이 필요합니다. 따라서 향후에는 생활을 넘어 '일과 인생의 균형'으로 관점 전환이 바람직합니다.

"Work & Life Balance에서 'Life'는 가족 → 가정 → 생활 → 인생"

　한편, 코카콜라의 회장이었던 더글러스 데프트(Douglas Daft)가 구성원들에게 보낸 신년 메시지에서 다음과 같은 말을 남겼습니다.

"삶이란 공중에서 다섯 개의 공을 돌리는 저글링(Juggling)게임입니다. 각각의 공에 일, 가족, 건강, 친구, 나(영혼)라고 붙여봅시다. 조만간 당신은 '일'이라는 공은 고무공이어서 떨어뜨리더라도 바로 튀어 오른다는 것을 알게 될 것입니다. 그러나 다른 네 개는 유리공이어서 하나라도 떨어뜨리게 되면 닳고 긁히고 깨져

다시는 전과 같이 될 수 없습니다. 중요한 것은 어떻게 하면 다섯 개 공의 균형을 유지하느냐는 것입니다."

절대적으로 공감되는 내용입니다. 공의 순서는 연령별로 달라질 수 있습니다. 어린 시절에는 '나(영혼) → 친구 → 건강 → 가족 → 일' 순으로 관심의 범위가 늘어날 것입니다. 그러나, 20대~30대에 일자리를 잡으면서 저글링의 순서가 정반대로 바뀌게 됩니다. '일 → 가족 → 건강 → 친구 → 나(영혼)' 극단적인 경우에는 '일 → 일 → 일…' 순환 루프에서 빠져나오지 못하는 경우도 있겠지요.

저도 30대까지는 일에서 성취를 위하여 평일과 주말을 가리지 않고, 밤낮없이 '일'에 몰두했던 시기가 있었습니다. 40대로 접어든 어느 날, 홀쩍 커 버린 아이들을 보면서 아빠와 함께 보내는 시간을 더

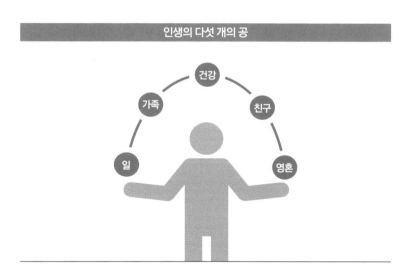

인생의 다섯 개의 공

이상 늦출 수 없다는 위기의식을 느낀 후 '가족'으로 비중을 옮기기 시작했습니다. 40대 중반을 넘어서면서 평소 느끼지 못했던 '건강'의 소중함을 느끼게 되었고, 해가 갈수록 생일 축하 메시지가 줄어든다는 사실을 알아채고 친구들에게 먼저 연락하려고 노력하는 중입니다. 앞으로는 맑은 영혼(정신)을 유지하는 것에 관심을 가지려고 합니다.

개인별로 주어진 상황에 따라서 보이는 공의 개수가 다를 수 있습니다. 혹시 아직 '일'밖에 보이지 않더라도 크게 문제가 될 것은 없습니다. 다른 공은 그런대로 잘 돌아가고 있을 수도 있으니까요. 아직은 부족함이 없기에 필요성을 느끼지 못하는 경우도 있습니다.

다섯 개 공들의 균형을 맞추기 위한 가장 좋은 방법은 기록을 남기는 것입니다. 일, 가족, 건강, 친구, 영혼 영역별로 현재 상태와 목표 수준을 적어보는 것입니다. 기록을 하다 보면 미처 신경 쓰지 못했던 부분이 선명해지고, 불균형을 메꿀 수 있는 길을 발견할 가능성이 커집니다. 일기나 가계부는 쓰기 어려울 수 있으나, 1년에 한두 번 정도 인생의 기록을 남기는 것이 무리한 목표는 아닐 것입니다.

"일, 가족, 건강, 친구, 영혼(정신) 어디까지 보이시나요?
당신이 소홀했던 공에게 조금 더 관심을 기울여 주시면 어떨까요?
너무 늦기 전에 말입니다."

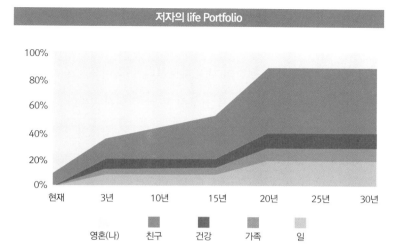

저자의 life Portfolio

구분	~5년	~10년	~15년	~20년	~25년	~30년	연간일수 (~5년)	월간일수 (~5년)
일	63%	57%	45%	10%	10%	10%	230	19.2
가족	17%	23%	35%	50%	50%	50%	62	5.2
건강	5%	5%	5%	10%	10%	10%	18	1.5
친구	5%	5%	5%	10%	10%	10%	18	1.5
영혼(나)	10%	10%	10%	20%	20%	20%	37	3.0

이성보다 감정이 앞설 때

◆

며칠 전 R프랜차이즈 매장의 대표자로부터 연락이 왔습니다. 매장을 총괄하는 매니저가 수습기간이 갓 지난 직원과 면담을 하던 중 "그렇게 일할 거면, 내일부터 나오지 마라."라고 말했고, 해당 직원은 해고를 당했다고 주장하면서 다음날부터 출근하지 않았다고 하더군요. 매니저는 제대로 일하라는 취지로 얘기했다고 하지만, 직원 입장에서는 "그만둬라"는 의미로 이해할 수 있습니다.

실무에서 이와 유사한 사례를 자주 접하게 됩니다. 잘 해보려고 대화를 시도했다가 서로 감정만 상하게 되고 결국 파국을 맞게 되는 경우입니다. 최근에 노동자가 홧김에 "그만두겠다."라고 말한 것을 이유로 회사에서 즉각적으로 퇴직 처리한 것은 무효라는 판례가 나왔습니다. 해당 사건을 재구성하면 다음과 같습니다.

〈사건 개요〉

S팀장: "승진과 연봉을 인상해주세요."

대표: "승진은 어렵고 연봉 인상은 생각해보겠다."

그로부터 며칠 후

대표: "인사 및 연봉에 불만이 있어 관리자급인 팀장으로서 역할 수행이 적절하지 않으니 팀원으로 일해달라."

S팀장: "그건 그만두라는 말과 뭐가 다릅니까? 그럴 바엔 차라리 **그만두겠습니다.**"

해당 팀장은 이틀간의 휴가를 갔고, 회사는 "자발적으로 퇴사했다"는 취지의 내용을 사내에 공지하고, 팀장을 다른 사람으로 바꿨습니다.

휴가에서 복귀 후

S팀장: "퇴사하지 않겠습니다. 회사의 발령은 부당합니다."

대표: "본인이 자발적으로 퇴사 의사를 밝혔으니, 더 이상 출근할 필요가 없다."

〈판결요지〉

감정적 대응을 마치 진정한 사직 의사표시로 취급해 근로계약관계를 종료시킨 것은 경영자의 **일방적 의사에 의한 해고로 정당한 이유가 없어 무효**다.(2018나 2034962)

저자는 경영자나 노동자에게 감정적으로 대응하면 안 된다는 말을 자주 합니다. 제삼자 입장에서 너무나 당연하고 쉬운 말이지만 분 초를 다투며 급박하게 돌아가는 상황에서 감정을 제어하는 것이 결코 쉬운 일은 아닐 것입니다.

우리 집 초딩이 자주 하는 말이 있습니다. "아빠, 핸드폰이 랙(Lag)◆ 걸렸나 봐? 잘 안되네" 이 말을 들을 때면 애들이 랙이 무슨 의미인지 알고 말을 하나?라는 생각이 듭니다. 우리의 일터에서 lag이 걸리는 경우가 있습니다. 사례에서 S팀장이 홧김에 감정에 치우쳐서 대응하는 것을 Lag 걸린 상황으로 볼 수 있지요. PC나 핸드폰이 Lag에 걸렸을 때 이를 해결하는 방법은 간단합니다. 전원을 껐다가다시 켜는 것입니다. 노사 간 대화나 협상과정에서 상대방이 1의 강도로 얘기하면 나는 2로 받아치고, 그러면 상대방은 3으로 대응하

◆ 속도가 떨어지다. 지연되다는 의미로 사용

고, 다시 나는 4로 힘주어 이야기하다 보면, 서로 언성만 높아지고 후회할 결정을 하는 경우가 많습니다. 이성보다 감정이 앞서는 것을 알아챈 순간 잠시 멈추고 쉬어가는 것이 좋습니다.

일터에서 몸, 머리 그리고 마음의 균형

◆

어린 시절에 공부를 등한시할 때마다 어머니께 들었던 말이 있습니다.

"너, 그렇다가 커서 농사꾼 밖에 할 게 없다."

그때는 그 소리가 듣기 싫었는데 지금 생각해 보니 그리 나빠 보이지 않습니다. 과거에는 몸으로 일하는 직업을 낮춰보는 경향이 있었는데, 요즘에는 과도한 정신노동으로 스트레스를 겪고 있는 사람들이 많아지면서 차라리 몸으로 부딪치는 일이 더 낫다고 생각하는 사람들이 늘어나는 것 같습니다. 업무를 통해 알게 된 근로감독관 E는 넘쳐나는 민원 업무에 지쳐서 최근에는 목공으로 전업을 알아본다고 합니다. 남들이 부러워하는 공무원이라는 직업을 마다할 만큼 업무에 대한 부담이 컸던 것 같습니다. 지난날 어머니에게 들었던 질문을 이제는 제가 아들에게 묻습니다.

저자: "아들아~ 너는 커서 어떤 일을 하고 싶니?"

아들: "음… 잘은 모르겠지만 머리 쓰는 일은 안 할 거야."

공부하기 싫어서 내뱉은 말인 줄은 알지만 그래도 살짝 걱정스러워 몇 마디 덧붙입니다.

"몸으로 하는 일도 좋은데, 몸만 쓰는 일은 살기 힘들어진다.
몸과 머리를 같이 쓰는 직업을 찾아보면 어떨까?

일반적으로 몸으로 일하는 사람을 Blue Collar, 머리로 일하는 사람을 White Collar로 부릅니다. 그러나 블루 칼라도 몸만 사용하는 것보다 몸과 머리를 함께 써서 일하는 것이 본인이나 회사에 득이 될 수 있습니다. 왜냐하면, 품질이나 안전 등의 요소는 지적인 능력과 밀접한 관련이 있기 때문입니다. 담당업무를 개선하기 위해서 학습에 관심을 기울인다면 몸이 조금 더 편해질 수 있습니다. 이러

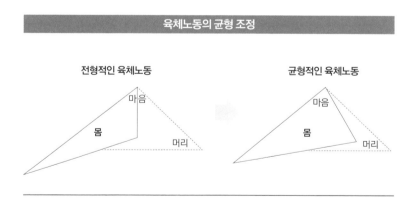

한 사람들은 회사에서 일 머리가 있는 것으로 인정을 받아서 임금 인상이나 승진의 혜택을 누리기까지 합니다.

반면에 화이트 칼라는 머리 외에 몸을 사용하는 빈도를 높일 필요가 있습니다. 예를 들어 기획안을 작성할 때도 서면조사에 머무르지 않고, 직접 현장을 찾아다니면서 관련자의 의견을 듣는 것이 바람직합니다. 몸을 쓰는 일을 찾기 어렵다면 일부러 시간을 할애하여 운동으로 몸을 단련시켜야 합니다. 그래야 머리를 사용하는 힘을 기를 수가 있습니다.

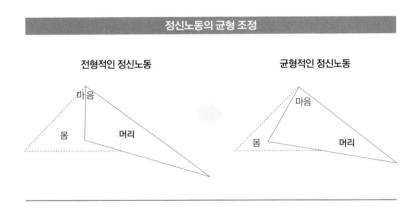

정신노동의 균형 조정

전형적인 정신노동 　　　　　 균형적인 정신노동

마음　　　　　　　　　　　　　마음

몸　　머리　　　　　　　　　　몸　　머리

한편, 일을 하는데 필요한 에너지 중에는 몸과 머리 이외에 '마음'이 있습니다. 마음은 몸과 연결되어 있지만 머리와 관련성이 높습니다. 업무 때문에 마음고생을 하는 화이트 칼라가 생각보다 많습니다. 블루 칼라에게 발생하는 산업재해 유형은 대부분 신체 외부의 부상이지만, 화이트 칼라는 주로 신체 내부의 질병 즉, 과로에 노출되어 있습니다. 스트레스나 장시간 노동으로 인해 머리가 고장 나거나(뇌혈관 질환), 심장이 망가지는 경우(심혈관 질환)가 생깁니다.

최근에는 마음을 쓰며 일하는 노동자가 늘어나면서, '감정노동'이라는 용어까지 등장하게 되었습니다. 노동자의 감정이 소진되지 않도록 산업안전 차원에서 보호하기 시작하였습니다. 그렇다면, 일을 할 때 마음을 빼버리고 하면 되지 않을까요?

마음은 크게 두 가지로 구분할 수 있습니다. 마음속 깊은 곳에서 자발적으로 우러나오는 마음이 '성심'이고, 어쩔 수 없이 억지로 끌어내는 마음이 '감정'입니다. 육체노동이나 정신노동 모두 예외 없이 일을 할 때 감정을 배제해야 하지만 성심껏 일을 해야 합니다. 그러나 최저임금을 받는 알바에게 성심을 요구하는 것은 무리일 것입니다. 그냥 표면적인 감정노동만 잘 수행하면 그것으로 충분합니다.

정신 노동

자발적: 성심
타율적: 감정

육체 노동

주변에 업무상 스트레스나 우울증을 호소하는 사람들이 적지 않습니다. 마음의 부담을 덜기 위해서는 몸과 머리로 에너지를 이동시킬 필요가 있습니다. 예를 들어 구조조정이나 고용불안으로 인해 마음고생을 하고 있다면, 움츠리지 말고 몸을 움직여서 자신의 가치를 높일 수 있는 노력을 하는 것이 낫습니다. 월요일에 발표할 프레젠테이션이 걱정된다면 달콤한 주말의 늦잠을 미루고 PT 연습을 하는 것이 마음이 편합니다.

이어령 교수가 어떤 기자와의 인터뷰에서 이런 말을 했습니다.

"이미 일어난 과거를 알려면 검색하고,
현재 일어나고 있는 것을 알려면 사색하고, 미래를 알려면
탐색하라. 이 삼색을 통합할 때 젊음의 삶은 변한다."

여기서 검색은 머리로, 사색은 마음으로, 탐색은 몸으로 하는 것으로 볼 수 있습니다. 따라서 삶에 변화를 원한다면 몸-머리-마음 사이에 적절한 균형을 맞춰야 합니다.

공적인 삶과 사적인 삶 간 거리 두기

◆

저는 신입사원 시절에 상사나 선배들과 하루빨리 친해지고 싶어서 퇴근 이후에도 함께 시간을 보낸 적이 많았습니다. 지금은 상상하기 어려운 일이지만 밤늦게 선배 집에 쳐들어가서 술상과 다음 날 해장국까지 얻어먹었던 기억이 나네요. 이렇게 생활하다 보니

서로의 가족사까지 속속들이 알게 될 정도로 친해져서 회사 내에서 업무를 할 때도 '의리'가 판단기준이 되었습니다. 나중에는 너무 친해져서 선배가 후배의 사생활에 간섭하는 빈도가 늘어나고, 후배가 선배에게 예의 없는 행동을 하는 모습이 보였습니다. 가까워지면 불편하고, 멀어지면 외로운 것이 인간관계인 것 같습니다.

얼마 전까지 집에서 고슴도치를 키웠습니다. 강아지를 원하는 아이들과 반려동물이 번거로운 부모가 적정한 수준에서 합의한 결과가 고슴도치였습니다. 고슴도치에 대해 전해져 내려오는 이야기가 있습니다. 고슴도치는 추위를 잘 타기 때문에 온도가 낮아지면 주위에 있는 고슴도치에게 다가갑니다. 그러나 가시가 달려 있기 때문에 곧바로 물러납니다. 그러다 잠시 후 추위가 느껴지면 다시 껴안습니다. 그리고 가시에 찔려 곧 떨어집니다. 이렇게 수차례 반복하다가 서로 가시에 찔리지 않게 적당한 거리를 유지하며 서로에게 체온을 전달해 준다고 합니다.

2019년 7월 16일부터 근로기준법에 '직장 내 괴롭힘 금지' 관련 조항이 신설 시행되었습니다. 별도의 법령이 제정된 것으로 오해하는 경우도 있는데, 근로기준법에 2개 조항이 추가된 것입니다. 그동안 법령상 금지되는 있는 괴롭힘은 '성적인' 괴롭힘에 국한되었으나, 개정법 시행으로 인해 괴롭힘의 범위가 넓어지게 되었습니다. 고용노동부 매뉴얼에서 열거하는 직장 내 괴롭힘의 유형은 다음과 같습니다.

이처럼 직장 내 괴롭힘이 발생하는 이유는 무엇일까요?

1. 신체에 대하여 폭행하거나 협박하는 행위

2. 지속 · 반복적인 욕설이나 폭언

3. 다른 구성원들 앞에서 또는 온라인상에서 모욕감을 주거나 개인 사에 대한 소문을 퍼뜨리는 등 명예를 훼손하는 행위

4. 합리적 이유 없이 반복적으로 개인 심부름 등 사적인 용무를 지시하는 행위

5. 합리적 이유 없이 업무능력이나 성과를 인정하지 않거나 조롱하는 행위

6. 집단적으로 따돌리거나, 정당한 이유 없이 업무와 관련된 중요한 정보 또는 의사 결정 과정에서 배제하거나 무시하는 행위

7. 정당한 이유 없이 상당기간 동안 근로계약서 등에 명시되어 있는 업무와 무관한 일을 지시하거나 근로계약서 등에 명시되어 있는 업무와 무관한 허드렛일만 시키는 행위

8. 정당한 이유 없이 상당기간 동안 일을 거의 주지 않는 행위

9. 그밖에 업무의 적정 범위를 넘어 구성원에게 신체적 · 정신적 고통을 주거나 근무환경을 악화시키는 행위

저는 공적인 조직생활과 사적인 개인생활을 혼동하기 때문이라고 생각합니다. 옛말에 "공과 사를 구분해야 한다."는 말이 있습니다. 이는 공적인 업무를 수행하면서 사적인 이득을 취하지 말라는 의미이지요. 과거에 사적인 이득은 금전적 측면으로 좁게 보았으나 직장 내 괴롭힘의 관점에서 살펴본다면, 본인이 보다 수월하게 일하기 위해서, 본인의 입지를 넓히기 위해서, 본인의 스트레스를 풀기 위해서 등의 행동도 포괄적인 사적인 이득, 직장 내 괴롭힘에 해당하는 것으로 볼 수 있습니다. 얼마 전 하급 직원에게 '찌질이', '재수 없다'고 폭언한 상사에 대한 해고는 정당하다는 판결이 내려졌

습니다.

직장 내 괴롭힘을 금지해야 하는 이유는 피해자 보호뿐만 아니라 일하는 방식 및 조직문화를 합리적으로 만들어 가자는 취지도 포함되어 있습니다. 조직 내에서 공적인 관계에서는 집중과 긴장이 필요합니다. 신입사원 시절이나 본인이 맡은 일에 몰입하는 상황에서는 사적인 영역에 시간을 할애할 여지가 거의 없습니다. 그러나 동일한 회사에서 오랫동안 근무하거나, 안정적인 위치에 올라가면 긴장이 풀리게 됩니다. 이때부터 공과 사의 경계가 불분명해지기 시작합니다.

조직 생활을 하는 대다수 사람들은 인간관계에서 갈등을 느끼며 살아가고 있습니다. 관계 = 갈등이라는 묶음이 전혀 어색하지 않을 정도로 갈등에서 자유로운 사람은 없을 것입니다. 단지 정도의 차이가 있을 뿐입니다. 저는 과거에 회사생활을 할 때는 자유로운 사업가를 꿈꾸었고, 현재 1인 사업자로 일해보니 조직의 안정감이 그리워집니다. 회사 생활에서 공적인 삶과 사적인 삶을 조화롭게 꾸려나갈 수 있는 방법은 없을까요?

2018년 10월 개봉된 '완벽한 타인'이라는 영화의 마지막 부분에 이런 자막이 나옵니다.

"사람들은 누구나 세 개의 삶을 산다.
공적인 하나, 개인적인 하나, 그리고 비밀의 하나"

영화의 소재는 '비밀'에 관한 내용이었지만, 퇴근한 이후에도 머릿속에서 '일'을 지우지 못하는 노동자에게도 해당되는 내용입니다. 공적인 삶과 사적인 삶에 모두 충실하기 위해서는 양자 간에 가벽(칸막이)을 세워 간섭을 최소화할 필요가 있습니다. 그러나 이는 물리적 단절을 뜻하는 것이 아니라 연결의 타이밍에 관한 문제입니다. 공적 On-사적 Off, 사적 Off-공적 On으로 스위치 전환을 명확하고 신속하게 해야 합니다. 양자 모두 On 되어 있는 상태가 지속된다면, 오작동을 일으키거나 방전될 수도 있기 때문입니다.

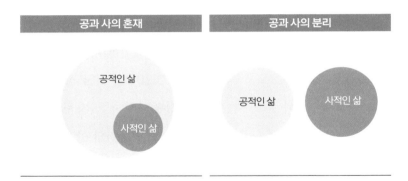

공과 사의 혼재	공과 사의 분리
공적인 삶 / 사적인 삶	공적인 삶 / 사적인 삶

법정 의무교육만? 평생학습까지?

◆

아침에 사무실에 출근해서 제일 먼저 마주하는 것이 팩스함에 놓인 '법정 의무교육' 홍보물입니다. 산업안전교육 등을 받지 않으면 벌금이나 과태료를 부담할 수 있다는 내용을 강조하고 있습니다. 사람이 살아가는 데 필요한 지식이나 기술을 배우는 교육과 벌금은 잘 어울리지 않은 조합으로 보입니다. 굳이 정부가 과태료와 벌금을 부과하면서까지 노동자를 교육시켜야 할 이유가 있을까요?

구성원이 일터에서 의무적으로 받아야 할 교육은 '개인정보 보호' 등이 있습니다. 요즘의 초등·중등 학생들은 안전, 개인정보 보호, 나아가 노동인권까지 배우고 있습니다. 그러나 저는 학창 시절에 이와 같은 교육을 받지 못했을 뿐만 아니라 관련된 개념조차도 알지 못했습니다. 현시대의 노동자들은 10~30년 전에 학교에서 배운 내용을 토대로 직장생활을 하고 있는 것입니다. 이와 같이 배움과 활용 사이에 짧지 않은 시차가 발생합니다. 이러한 갭을 메꾸기 위해서는 직장 내 교육을 통한 지속적인 Update가 필요합니다.

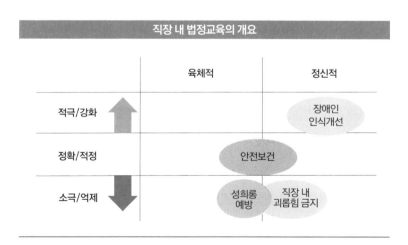

직장 내 법정교육의 개요

"교육을 받는다고 뭐 달라지는 게 있나요?"

이러한 질문을 자주 받습니다. 교육의 유용성이나 효과에 대해 회의적 시각이 있을 수 있지만, 법정 의무교육은 사업장 내 사고 예방을 목적으로 법률에서 정한 최소한의 안전장치입니다. 교육을 한다고 당장 눈에 띄게 달라지는 것이 없을 수도 있지만, 구성원들이 안전하고 쾌적한 환경에서 일할 수 있는 여건을 마련해 주는 것은 경영자의 주요한 책무 중 하나입니다.

그렇다면, 구성원은 새로움을 배우고자 하는 준비가 되어있는가?

"회사는 학교가 아니다."

일본 LINE 주식회사의 CEO '모리카와 아키라'가 한 말입니다. 이어서 그는 다음과 같은 말을 했습니다.

"나는 '교육'이라는 말을 별로 좋아하지 않는다. '교육을 받다'라는 말처럼
'수동적인 자세'를 함축하고 있기 때문이다. 물론 어릴 때는 살아가는 데 있어,
최소의 필요한 지식이나 교양을 쌓기위해 교육받을 필요는 있다. 그러나 사회인이
되어서도 '교육을 받는다'라는 의식을 가지고 있다는 것은 납득이 가지 않는다." ◆

이 말의 의미는 회사에서 공부하면 안 된다는 의미가 아닙니다. 교육은 회사가 시켜주는 것이 아니라 구성원이 스스로 적극적으로

◆ 모리카와 아키라, '심플을 생각한다', 다산북스

찾아서 배워야 한다는 의미입니다.

과거에 안정적인 고용관계에서는 특정회사에서 적용되는 지식이나 기술, 업무 History가 중요하였기에 '직장인으로서의 교육'이 필요하였으나, 고용 불안에 시달리는 현시대에는 어디에서나 통용될 수 있는 '직업인으로서 평생학습'이 더욱더 중요합니다.

요컨대, 단기적 주입식 교육을 넘어서 자발적인 평생학습을 위한 노력이 필요합니다. 우리는 매일 회사를 오가면서 많은 것을 보고 듣고 느끼고 있습니다. 진정한 교육은 배움을 통해 자신의 작은 습관이나 직장생활, 나아가 인생을 대하는 자세를 교정하는 것입니다. 비록, 내일이면 잊히더라도 같은 과정을 또다시 반복할지라도 이러한 노력이 쌓여 '미래의 나'가 될 것입니다.

미래의 구성원이 바라보는 현재 구성원의 모습

◆

사회생활은 줄을 잘 서야 한다는 말이 있습니다. 받아들이고 싶지 않지만, 이런 일들이 주변에서 자주 발생합니다. 게다가 이를 지지

〈대법원 1996. 4. 26. 선고 94다30638 판결〉

변경된 취업규칙에 따른 근로조건을 수용하고 근로관계를 갖게 된 근로자에 대한 관계에서는 당연히 변경된 취업규칙이 적용되어야 하고, 기득 이익의 침해라는 효력 배제 사유가 없는 **변경 후의 취업 근로자에 대해서까지 변경의 효력을 부인하여 종전 취업규칙이 적용되어야 한다고 볼 근거가 없다.**

하는 판례도 있습니다.

　현재 재직자에게 근로조건을 불리하게 변경할 수는 없지만, 향후 입사자에게는 변경된 조건이 유효하다는 취지입니다. 사람들은 변화를 두려워합니다. 본인에게 득이 되는 변화라고 하더라도 불안감, 불편함 등의 이유로 변화를 거부하는 경우가 많습니다. 더욱이 근로조건이 하향 조정되는 경우라면 노동자가 이를 거부할 이유가 충분합니다.

　한편, 경영자는 리더로서 조직의 변화를 촉진할 책무가 있습니다. 노동환경 변화에 따라, 노동시간, 임금, 휴가 등 다양한 근로조건을 바꿔야 하는 상황에 직면해 있습니다. 회사 전체의 인사제도를 변경하는 것이 최선이지만, 상황이 여의치 않다면 향후 입사자에게만 적용토록 하는 것도 나쁘지 않다고 생각할 수 있습니다.

　이처럼 노사 간 현실적인 이해관계가 만나서, 불리한 근로조건은 향후 입사자에게만 적용되도록 합의가 이뤄집니다. 경영자는 근로조건 변경이라는 목적을 달성하였고, 구성원들에게는 아무런 변화나 불이익이 발생하지 않았습니다. 서로가 원하는 결과를 얻은 것입니다.

　이러한 합의는 단기적으로 적합하나, 장기적으로 바람직한 것인지? 의문입니다. 그 이유는 두 가지입니다.

　첫째, 동일한 회사에 2개 이상의 취업규칙(근로조건)이 존재하게 됩니다.

동일한 업무를 수행하더라도 입사한 시기에 따라서 다른 근로조건을 적용받게 됩니다. 몇 년 전 안산에 있는 자동차 부품업체인 D사를 컨설팅할 때 일입니다. 담당 구성원인 M에게 이렇게 물었습니다.

저자: "회사의 전망이 좋아 보이는데, 조직 분위기는 어떻습니까?"

M: "우리 회사의 구성원은 성골, 진골, 6두품 등으로 나눠집니다. 성골은 사장님 일가친척이고, 진골은 초창기 입사자, 6두품은 대기업에서 경력직으로 입사한 자, 그리고 저와 같은 구성원들은 그냥 …"

　　이러한 유형의 회사는 구성원의 근속기간도 차이가 납니다. 기존 입사자는 20~30년 장기근속을 하고 이후 중간층이 매우 적고, 신규 입사자는 2~3년 간격으로 입·퇴사를 반복하게 됩니다.

　　둘째, 변경된 취업규칙의 적용 당사자가 빠진 상태에서 합의가 이뤄진 것입니다. 경영자는 "입사 시 근로조건에 대해 다 알고 입사했으니 문제가 될 것이 없다."라고 할 수 있습니다. 그러나 신규 입사자는 "차이가 발생하는 것까지 알지 못했다."라고 반박할 수 있습니다. 입사하지 않은 사람을 합의 대상에 포함하는 것은 물리적으로 불가능합니다. 그렇다고 미래의 구성원을 전혀 고려하지 않은 채 경영자와 재직자 중심으로 취업규칙을 정하는 것은 현재의 문제나 갈등을 잠시 연기하는 것에 불과합니다.

경영자는 현실과 동떨어진 현행 취업규칙을 변경하는 것이 목표입니다. 재직자는 기존의 근로조건을 지키는 것이 목표입니다. 이와 같은 구조에서는 신규 입사자만 희생되는 결론이 내려질 가능성이 큽니다. 노동자들이 힘주어 얘기하는 '동일가치 노동, 동일 임금' 주장도 이러한 상황에서는 무색해집니다. '동일 노동'보다는 오히려 '동일 입사시기'가 더욱 중요한 결정 기준이 됩니다.

그동안 당연시 여겼던 기득권에 대한 비판의 목소리가 높아지고 있습니다. 현재의 구성원은 '회사에 먼저 입사한 것' 자체를 기득권으로 생각하고 있는 것은 아닌지 다시 한번 생각해 볼 필요가 있습니다.

웃으며 헤어지기

퇴사가 유행하는 사회

◆

언제부턴가 서점가에 '퇴사'와 관련된 책이 유행하기 시작했습니다. 저자도 몇 번의 퇴사 경험이 있습니다. 제가 퇴사할 당시 퇴사는 드러내 놓고 알리고 싶은 일은 아니었습니다. '조직 부적응자'라는 시선이 부담스러워 퇴사하는 날까지 쉬쉬하는 분위기였습니다. 그러나 이제는 '퇴사'가 Hot한 키워드가 되었습니다. 그 이유는 아마도 예전보다 직장생활의 어려움에 대한 공감대가 커졌기 때문이 아닐까요?

구성원이 퇴사하는 근본적인 이유는 입사 시 품었던 '취업의 목적'을 더 이상 회사 내에서 달성하기가 어렵기 때문일 것입니다. 미국의 사회학자 로버트 벨라는 자신의 일을 대하는 방식을 직업(Job), 경력(Career) 그리고 소명(Calling)으로 구분하였습니다. 일을 직업으로 생각하는 사람은 일을 통해 얻는 물질적 보상에만 관심을 갖습니다. 일을 경력으로 보는 사람에게는 직장 내에서 승진이나 사회적 지위와 권력을 얻는 것이 목적입니다. 반면에 일을 소명으로 대하는 사람에게는 일 자체가 곧 삶입니다. 그에게 일의 목적은 물질적 보상이나 승진이 아니라 일을 통해서 얻을 수 있는 성취감입니다.

앞서 언급한 퇴사가 유행하는 이유를 세 가지 요소와 연결해서 생각해 보려고 합니다.

1. 직업: 전통적인 일터 밖에서 개인이 일할 수 있는 기회가 많아졌습니다.

과거에 직업을 갖는다는 것은 한 회사에 정규직으로 입사하여 9시부터 6시까지 일하는 것으로 생각했습니다. 그러나 요즘은 프리랜서, 특수형태종사자, 위촉 계약 등 다양한 업무수행 방식으로 확대되고 있기에 본인이 전문성을 가지고 있다면 굳이 한 회사에 구속되어 일하지 않아도 됩니다. 물론, 본인의 업무 선택의 자유에 따르는 보상의 불안정성은 감수해야 합니다.

2. 경력: 회사에서 경력을 증명해 주는 시대는 지났습니다.

저자는 학교 졸업 후 신입사원 공채를 통해 첫 직장에 입사하였습니다. 당시 OJT를 했던 부서의 임원 분이 하셨던 말씀이 아직도 기억에 남습니다.

"우리 회사는 50년 전통을 자랑하네, 자네는 이 회사에서 뼈를 묻게"

얼떨결에 "네에…"라고 대답하였고, 이후 회사생활을 하면서 정년까지 일하겠다는 결심을 굳혔습니다. 그러나 4년 뒤 회사는 법정관리에 들어갔습니다. 이후 몇 년 간 힘든 시간을 보냈지만, 이와 같은 역경이 노무사로 경력 전환하게 된 계기가 되었습니다. 저자와 같이 한 직장에서 정년퇴직을 꿈꿨으나, 현실적인 어려움을 깨닫고 현재 일터에서 안주하기보다는 개인의 경력개발을 위해 노력하는 사람들이 늘어나고 있습니다.

이러한 현상은 회사의 인사전략과도 무관하지 않습니다. 인재를 사내에서 육성하는 Make전략보다는 외부에서 우수인재를 영입하는 Buy전략을 사용하는 회사가 늘어나고 있습니다. 대기업 출신 경력자를 채용했는데 막상 근무시켜 보니 회사의 네임밸류(Name Value)에 비해 개인의 실력이 부족하거나, 본인 스스로 회사에 적응하지 못하고 조기 퇴사하는 경우도 적지 않습니다.

저자가 채용 담당자였을 때 경력직 입사자의 최종 환산 경력이 예를 들어 12.4개월이 나오면 소수점을 올려야 할지 버려야 할지에 대해 인사팀 내에서 갑론을박했던 적이 있습니다. 이제 경력이란 회사에서 머물렀던 '물리적인 재직기간'이 아니라, '새로운 일에 대한 성취 가능성'을 의미하는 것으로 바뀌고 있습니다. 이전 회사에서 발급해준 경력증명서의 유효기간은 그리 길지 않습니다. 새로운 회사에서 성취 가능성은 본인이 실력으로 스스로 입증해야 합니다.

3. 소명: 직업, 경력은 타인 시각이며, 소명은 자신의 시각으로 바라보는 것입니다.

어느 정도 연봉을 받으면 만족할까요? 사람의 욕망은 끝이 없습니다. 또한 신입사원이 경력을 쌓아서 올라갈 수 있는 임원 자리는 정해져 있습니다. 그러나 이 보다 중요한 사실은 직업, 경력은 자신보다는 타인이 바라보는 시각일 수 있다는 점입니다.

프랑스의 철학자 '자크 라캉'은 욕망 이론에서
"인간의 욕망은 곧 타자의 욕망이다."라고 하였습니다.

　그동안 남보다 열심히 직장생활을 하면서 추구했던 '고 연봉과 고속 승진'이라는 목표는 사회적 제도에서 설정한 목표이고, 본인이 진정으로 원하는 목표는 아닐 수 있다는 뜻이겠지요. 이러한 관점에서는 이제 믿을 것은 소명 밖에 없습니다. 남들과 연봉이나 지위를 비교하기보다는 자신이 하고 있는 일의 의미를 깊이 있게 생각하고, 현장에서 묵묵히 자기 일에 최선을 다 한다면, 일에서 행복을 찾는 기쁨 이외에 직업과 경력도 덤으로 얻을 수 있지 않을까요?
　직업, 경력, 소명 중 하나에만 올인하는 사람도 있겠지만, 대다수는 이 세 가지 요소가 적절히 섞어져 있는 경우가 많습니다. 어떤 가치를 중점적으로 보는지에 따라 특정인의 직업관이 달라지게 됩니다. 이는 삶의 주기에 따라 경중이 달라질 수 있는데, 20대에는 '경력'에 초점을 맞춰야 한다고 생각합니다.
　10대부터 확고한 목표를 세워서 원하는 직업을 가진 경우도 있지만, 취업을 해야 한다는 목표를 향해 앞만 보고 달려온 사람이 막상 취업을 하게 되면 "이게 아닌데"라는 생각이 드는 경우가 있습니다. 누구에게나 찾아오는 일시적인 현상인 경우도 있지만, 1년 이상 장기간 지속된다면, 업(業)을 바꿔야 할지에 대해 생각해 볼 필요가 있습니다. 30대 중반이 되기 전에 본인이 원하는 직업을 찾는다면 늦은 것이 아닐 것입니다.

30대에는 본인이 하고 있는 분야에서 업무능력을 향상하기 위한 노력을 아끼지 말아야 합니다. 그러면 서서히 주위에서 인정을 받

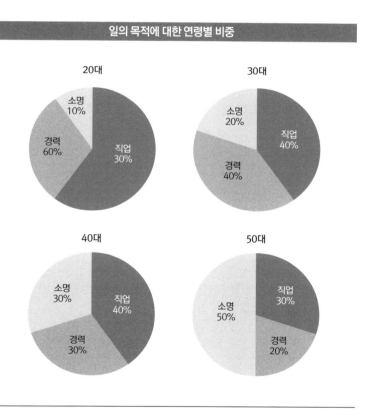

일의 목적에 대한 연령별 비중

20대

소명 10%
경력 60%
직업 30%

30대

소명 20%
직업 40%
경력 40%

40대

소명 30%
직업 40%
경력 30%

50대

직업 30%
소명 50%
경력 20%

게 되고, 경제적인 보상도 따라올 것입니다.

40대가 되면 조직 내에서 어느 정도 자리를 잡게 되는 시기이며, 본인이 하고 있는 일의 의미, 즉 소명의식을 가지고 일하는 것이 중요합니다. 이 시기에는 세 가지 요소가 가장 균형을 이룰 수 있는 있습니다.

50대로 넘어가면서 일 자체에 대한 재미, 보람, 성취감을 느낄 수 있는 시기입니다. 이 즈음에는 관심의 범위를 본인만 아니라 타인에게까지 확장시켜야 하는 때입니다. 이와 같이 생애주기별로 직업, 경력, 소명의 비중을 조정하면서 일의 의미를 찾는 노력이 필요합니다.

> "일을 즐겁게 하는 자는 세상이 천국이요,
> 일을 의무로 생각하는 자는 세상이 지옥이다."
> – 레오나르도 다빈치

떠날 것인가? 남을 것인가?

◆

회사를 다녀 본 사람들은 "내가 이 회사를 언제까지 다녀야 하나?"라는 회의가 들 때가 있습니다. 입사 초기에는 회사 사정을 잘 모르기에 이런 생각을 하지 않지만, 시간이 흐르면서 선택의 기로에 설 때가 있습니다. 저자의 개인적 경험으로는 입사 3개월, 입사 1년, 입사 3년이 고비입니다.

일반적으로 3개월까지 수습을 적용하기에 노사 모두 서로에 대해 평가하는 시기입니다. 입사자는 적응하기 위해서 한눈을 팔 짬이 없습니다. 수습이 끝나고 시간이 지나면서 일하는 데 어려움이나 주변 사람들과 마찰이 생깁니다. 그러나 일단 퇴직금은 받아야 하고, 1년 미만의 경력은 도움이 되지 않는다는 생각에 조금 더 버텨 봅니다. 이렇게 3년 정도 일하다 보면 맡은 일도 익숙해지고, 동료와 정이 듭니다. 이즈음에 "이 회사가 언제까지 나를 고용할 수 있을까?"라는 의문이 들 수 있습니다. 회사에 머무르는 것보다 전직하는 것이 더 큰 경제적 가치를 얻을 수 있다고 판단되면 퇴사를 결심하게 됩니다.

앨버트 허시먼(Albert O. Hirschman)은 '떠날 것인가, 남을 것인가'라는 저서에서 조직에 불만이 있을 때 선택할 수 있는 카드로 회사에 등을 돌리는 '이탈(Exit)'과 내부에 남아서 '항의(Voice)'하는 두 가지 유형이 있다고 했습니다.

회사에 남을 것인가? 떠날 것인가?라는 선택은 회사의 미래 전망, 구성원의 의지 등뿐만 아니라 개별 구성원의 처해진 위치 및 성향 등에 따라 달라질 수 있습니다. 오랫동안 근무하고, 회사에서 입지가 탄탄하고, 심지가 굳은 구성원은 남아서 문제를 해결하고자 하는 성향이 강합니다. 그러나 이와 반대의 경우 또는 회사 내부보다 외부 시장에서 인정 가능성이 높은 경우에는 미련 없이 회사를 이탈할 가능성이 높아집니다.

떠날 때나 남을 때에는 지켜야 할 원칙이 있습니다.

항의　　　　　　　　　이탈

떠나는 자는 말없이

사연 없는 무덤이 없듯이 사연 없는 퇴사자도 없습니다. 아무리 하고 싶은 말이 많더라도 남아있는 사람들의 사정도 생각해야 합니다. 퇴사할 때 다른 구성원에게 회사에 대한 온갖 불만 불평을 쏟아놓는 경우가 있습니다. 본인 속은 시원할지 몰라도 어쩔 수 없이 남아서 감당해야 하는 구성원의 마음은 편치 않습니다. 떠날 때 하고 싶은 말은 경영자나 책임자에게 직접 말하고, 남아있는 동료에게 응원은 못할 망정 불씨를 남기지 말아야 합니다.

남는 자는 믿음으로

고민 끝에 회사에 남아서 항의하기로 결정하였다면 노사 간 기본적인 신뢰관계는 유지해야 합니다. 어떤 구성원은 재직 중에 회사에 대한 고소 고발을 남발하기도 하고, 또 다른 구성원은 "내게 불이익을 주면 회사 문을 닫게 하겠다."며 대 놓고 선전포고를 하는 경우도 목격했습니다. "이쯤 되면 막가는 거죠?"라는 표현이 생각나는 상황입니다. 남아서 항의를 하는 목적은 상생하기 위함입니다. 수단이

지나치면 목적이 퇴색될 수밖에 없습니다. 논쟁을 하더라도 기본적인 마지노선은 지켜야 합니다. 노동위원회에서 노동자에 대한 해고를 인정할 때 자주 사용하는 표현이 있습니다.

"노사 간 신뢰관계가 파탄에 이르러
더 이상 고용관계를 유지하기가 어렵다."

이탈할 것인지 항의할 것인지는 구성원이 선택하는 것이지만, 구성원에게 선택권이 없는 경우도 있습니다. 사용자로부터 해고를 당한 경우입니다. 저자의 사무실이 노동위원회 건물 내에 위치해 있어서 해고 사건을 접하는 기회가 자주 있습니다. 해고를 당한 노동자가 노동위원회에 구제를 신청하는 취지는 '원직 복직과 임금 상당액 지급' 크게 두 가지입니다. 노동자의 주장이 인정되면 원직 복직과 해고 기간 동안의 임금상당액을 받을 수 있습니다. 반면 사용자가 이기면 해고로 끝나게 되는 것이지요. 사건이 진행되는 도중 또는 노동위원회 심문회의에서 화해를 제안받기도 합니다.

화해란 노동자가 복직을 하지 않는 대신 금전적인 보상으로 사건을 마무리하는 것을 의미합니다. 반드시 화해를 해야 하는 것은 아니므로, 화해할지 여부를 노동자가 신중히 판단해야 합니다. 의사결정 시 금액 수준도 중요하지만, 진정으로 원하는 것이 복직인지 금전적 보상인지를 먼저 결정해야 합니다. 복직은 회사에 남는 것을 의미하며, 금전 보상은 떠나는 것을 의미합니다. 이를 혼동하면 나중에 후회하는 결정을 할 수도 있습니다.

사례 1 화해 후 후회

노동자 J는 인사 서류를 위조했다는 이유로 해고를 당했습니다. 사실관계에 대해 상호 간 이견은 없었습니다. 다만, J는 행위에 비해 징계 양정이 과도하다는 점을 주장하였습니다. 저는 J의 대리를 맡았습니다. 해당 기업의 규모가 작아서 J가 복직 후 근무하기가 어려울 뿐만 아니라, 노동자는 스트레스로 인해 복직을 원하지도 않는 상황이었습니다. 이에 저는 J에게 화해를 권유하였고, 노동위원회에서 비교적 높은 금액에 화해하는 것으로 마무리됐습니다. 그러나 화해한 다음 주에 J에게 다음과 같은 전화가 걸려왔습니다.

"그때 화해를 하지 않고 판정을 받을 걸 그랬어요. 곰곰이 생각해 보니 제가 원한 것은 금전적 보상이 아니라, 사용자가 부당한 조치를 했다는 것을 국가기관으로부터 인정받기를 원했던 것 같아요."

사례 2 화해 거부 후 만족

F는 동료 노동자와 다투었다는 이유로 해고당했습니다. 이미 지방노동위원회에서 기각 처분이 내려져서, F에게 불리한 상황이었습니다. 저는 F의 중앙노동위원회 재심사건을 대리하였습니다. 노동위원회는 예상대로 화해를 권유하였고, F는 타협하지 않고 끝까지 밀어붙였습니다. 결과는 F의 주장이 기각되었습니다. 나중에 F에게 화해하지 않는 것을 후회하지 않느냐고 묻자. 다음과 같이 말했습니다.

"내가 원한 것은 해고의 당시 사실관계를 밝히는 것이고, 위원회에서 하고 싶은 말은 모두 다 하였기에 이것으로 충분합니다."

위 두 사건 모두 조직에서 이탈하기로 결심하였으나, 금전적 보상보다 '인정'이나 '항의'에 무게를 둔 예외적인 사건이었습니다. 조직에 문제가 생겼을 때 떠날 것인가? 남을 것인가? 에 대해 신중히 결정하고, 이에 걸맞은 행동(이탈, 항의)을 취해야 합니다.

부당 vs 정당 그리고 적당

◆

올해 초에 성남에 있는 D사로부터 하루만 근무했던 노동자가 부당해고 구제를 신청하였는데, 해당 사건을 맡아달라는 요청을 받았습니다. 솔직히 기업을 대리하는 사건이 노동자 사건에 비해 몇 배 더 부담스럽습니다. 근무 중에는 회사에서 칼자루(?)를 잡지만, 회사에서 나와서 노동자가 부당해고를 다투는 상황이 되면 입장이 180도 바뀌게 됩니다. 노동자는 해고의 억울함을 호소하기 위해서 회사가 취한 행동에 대해 조목조목 '공격'을 하게 됩니다. 이에 회사는 '수비' 모드로 전환할 수밖에 없습니다.

세상 모든 일이 상호작용 하에 작동하기에 노동자의 잘못이 있다면, 사용자 역시 판단의 착오나 진행 절차상 하자가 있을 수 있습니다. 그러나 부당해고 사건은 회사가 '본 해고가 정당하다'는 것을 입증해야 하기에 한치의 허점도 허용할 수 없습니다. 2% 부족한 해고는 회사로 책임이 돌아올 가능성이 큽니다. 이처럼 다소 부담이 되는 사건이었지만, 대리를 맡게 된 이유는 D사와 오랫동안 신뢰관계를 이어 왔기 때문입니다.

이 사건의 핵심은 해당 노동자가 일용직인지 여부입니다. 일용직은 하루만 근로계약이 체결되고 종료되기에 처음부터 해고가 발생할 여지가 없습니다. 그러나 업종을 불문하고 대부분의 일용직은 하루 이틀, 일주일, 이주일, 이런 식으로 일하는 경우가 태반입니다. 이와 같은 경우 노동자 입장에서는 일용+a이기에 "상용직이다"라고 주장할 여지가 있습니다. 이에 대해 회사 측에서 일용근로자임을 주장하려면, 이를 입증할 수 있는 증거, 즉 근로계약서를 제시해야 합니다. 그러나 회사 측에서 근로계약서를 작성하지 않았기에 객관적으로 불리한 상황이었습니다. 진행과정에 우여곡절이 있었지만 결과적으로 지방노동위원회와 중앙노동위원회 모두 D사의 손을 들어주었습니다.

이후에 노동위원회의 판정 이유를 곱씹어 보니, 법리적인 판단에 상식적인 요소가 더해진 것 같다는 생각이 들었습니다. 왜냐하면, 해당 노동자는 단 하루만 일했는데 불구하고 부당해고라고 주장하면서 수 천만원의 보상을 요구하였고, 이는 적정 선을 넘은 것입니다.

노동자는 부당함을 호소합니다. 사용자는 정당하다고 반박합니다. 결국 누구의 주장이 '당(當)-마땅한지'를 따져보는 과정이 필요합니다. 한눈에 명백히 부당해고라고 판단할 수 있는 경우도 있지만 대부분은 노동자와 사용자에게 잘잘못이 있습니다. 누구의 행동이 타당한지를 따질 때 법리가 주요 판단기준이지만 당사자의 태도 등에도 영향을 받을 수 있습니다. 노동위원회나 법원에서 판단의 주체는 인간이므로, 어느 일방이 과도하거나 무리한 주장을 하는 경우에는 그에게 불리한 결론이 내려질 가능성이 커집니다. 상대방 행위의 부당성을 주장하는 경우에 나의 행동은 과연 정당한 것인지, 나의 요구 수준은 적당한 것인지에 대해 생각해 볼 필요가 있습니다. 여기서 '적당'은 대충 아무렇게나 라는 의미가 아니라 서로의 잘잘못이나 상황을 고려해야 한다는 뜻입니다.

"법리(法理)보다 상리(常理), 상식(常識)이 먼저다"

정년과 가동연한의 연결이 필요하다

◆

고령사회로 접어들면서 주변에서 '정년'이나 '은퇴'라는 말이 자주 들립니다. 이들 개념은 유사해 보이지만, 의미상 약간의 차이가 있습니다. '정년'은 일정한 연령이 되면, 주된 직장(업)에서 퇴직하도록 정해진 나이를 말합니다. 이에 반해 '가동연한'은 은퇴와 같은 개념으로 일을 해서 소득을 얻을 수 있는 최후 연령을 말합니다. 일하다가 사고로 사망하거나 영구적인 장애를 입었을 경우 손해배상액을 산정하는 기준 연령을 '가동연한'이라고 부릅니다.

정년과 가동연한이 같은 경우도 있지만, 일반적으로 정년보다 가동연한이 더 긴 경우가 많습니다. 예를 들어 제조업에서 생산관리자로 일하던 노동자가 정년퇴직을 하고 자영업을 할 수도 있고 일용직으로 일할 수도 있습니다. 정년이 지났지만 은퇴한 것은 아닌 것입니다.

정년의 의미

2016년 이전까지는 개별 회사별로 정년을 달리 정하였으나, 2016년 1월부터 법적으로 정년이 보장되고 있습니다.

〈고용상 연령차별금지 및 고령자고용촉진에 관한 법률〉

제19조(정년) ① 사업주는 근로자의 정년을 **60세 이상**으로 정하여야 한다.

이에 따라 '법정 정년 = 60세'로 생각할 수도 있으나, 정확히는 60세+a를 의미합니다. 흔치 않지만 일부 회사에서는 정년을 폐지하는 사례도 등장하고 있습니다. 정년에 대한 사회적 관심이 높아진만큼 정년에 대한 사항을 상세히 규정할 필요가 있습니다. 그렇지 않으면, 추후에 법적 분쟁이 발생할 수 있습니다.

법정 정년이 시행되기 몇 해 전 S사에서 정년 퇴직한 직원이 예정일보다 일찍 퇴직하였다는 이유로 소송을 제기하였습니다. S사의 취업규칙에 정년을 다음과 같이 규정하였습니다.

<**S사의 취업규칙**>

제00조(정년) 사원의 정년은 만 55세가 종료되는 해의 12월 31일로 한다.

　　노동자의 주장: "만 55세가 종료되는 일자가 속한 12월 31일"을
　　　　　　　　　　의미함
　　사용자의 주장: "만 55세가 되는 해의 12월 31일"을 의미함

　　재판부는 노동자의 손을 들어주었습니다. 예를 들어 생일이 10월 1일인 노동자가 2019년 10월 1일에 만 55세가 되었다면, 이듬해인 2020년 9월 30일까지 만 55세이므로 만 55세가 종료되는 해는 2020년 말이 됩니다. 이와 같이 사용자가 의도한 바(2019년 말)와 달리 규정된 이유는 그동안 정년퇴직을 하는 직원이 매우 적었기에 정년제도가 형식적으로 운영되었기 때문이라고 생각됩니다.

가동연한의 의미

2019년 초 '육체노동자의 가동연한은 65세'라는 대법원 판결이 나왔습니다. 과거에 가동연한은 55세에서 60세로 지속적으로 늘어나는 추세였습니다. 대법원은 판결의 근거로 우리나라의 사회적·경제적 구조와 생활여건이 급속하게 향상·발전함에 따라 가동연한을 연장할 필요가 있다고 보았습니다.

　　사회적 경제적 요소 중 기대수명, 소득수준, 은퇴연령 등을 반영

| 가동연한 판결 시 고려사항 |

고용보험 제외 연령	국민연금 수급 연령	노인 연령	비고
만 65세(신규)	만 65세 (69년생 이후)	만 65세	50세 준고령자 55세 고령자◆

하였는데, 실질적인 평균 은퇴연령이 72세(2011년~2016년)라는 점
이 주된 고려사항인 것으로 보입니다.

정년과 가동연한의 연결

기대수명이 늘어남에 따라서 정년에 대한 관심이 높아지고 있습니
다. 그러나 '정년'은 법 또는 회사에서 정한 추상적인 연령이며, 아
직은 개별 노동자에게 "나는 정년까지 일할 수 있다."라는 확신을 주
기에는 부족한 것 같습니다.

　　　신체적 환경: 평균 수명 연장에 따라 소득활동을 할 수 있는 시간
　　　　　　　　이 늘어남
　　　사회적 환경: 노동자의 실질 정년은 법정 정년에 훨씬 못 미침

　　　이와 같이 상호 모순된 환경 속에서 노동자는 회사의 정년규정에

◆ '고용상 연령차별금지 및 고령자고용촉진에 관한 법률'상 기준으로, 시대 변화에 따라 명칭 또는 연령을
　변경하는 형태로 개정이 필요함

만 의지하기보다는 정년을 넘어서 가동연한까지 포함하는 경력 계획을 생각해 볼 필요가 있습니다.

- 정년의 관점: 현재의 직업에서 몇 세까지, 이후 정년퇴직
- 가동연한의 관점: 새로운 분야에서 몇 세까지, 이후 은퇴

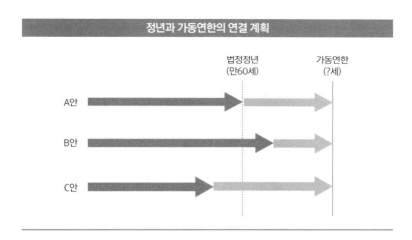

정년과 가동연한의 연결 계획

저는 40대 중반까지 소득을 확보하기 위해 앞만 보고 달려왔던 것 같습니다. 시간 = 소득의 교환관계이기 때문에 경제적 독립을 위해서 노동시간을 지속적으로 투입해야 했습니다. 그러다 문득 "앞으로 나에게 주어진 시간은 얼마나 될까? 언제까지 주어진 시간을 소득으로 교환해야 할까?"라는 의문이 들었습니다. 남은 인생 = 소득으로 보면, 왠지 인생이 허무하다는 생각이 듭니다. 이전에 우리가 생각했던 것보다 인생이 길어질 가능성이 큽니다. 그렇다면 앞

으로 나의 노동시간이 길어질까? 여가시간이 길어질까? 각자 주어진 환경에 맞춰 언제까지 어떠한 형태로 일할 것인지에 대해 곰곰히 생각해 봐야 합니다.

정년 연장과 조기 퇴직의 선택권은 누구에게 있는가?

◆

현재 법정 정년은 만 60세지만, 실질 정년은 50대 초반에 머무르고 있습니다. 아직은 정년퇴직을 꿈꾸는 것이 현실적으로 어려울 수도 있지만, 수년 내에 노동 공급이 급격히 줄어들기 때문에 정년퇴직자가 점차 늘어날 것으로 전망됩니다. 최근에는 법정 정년을 65세로 연장해야 한다는 얘기가 학계나 언론을 통해 나오고 있습니다.

그러나 정년이 연장된다고 하더라고 누구에게나 해당되는 것은 아니며 노사관계가 안정적인 사업장이나 업무능력이 검증된 노동자에게만 적용될 가능성이 높습니다. 왜냐하면, 인사관리의 방향이 집단 중심에서 개인 중심으로 질적인 변화가 이뤄지고 있기 때문입니다. 이런 상황에서 기업은 생산성이 떨어지는 노동자에게 정년이 되기 전에 조기 퇴직의 압력을 가할 가능성이 높습니다.

지혜롭게 정년 연장을 맞이하기 위해서 다음 두 가지를 기억할 필요가 있습니다.

첫째, 현재 업무 분야 또는 본인이 잘할 수 있는 새로운 업무분야에서 오랫동안 현역으로 남겠다는 마음가짐이 필요합니다.

신입사원으로 입사하여 대리, 과장을 거쳐 관리자가 되면서 현업에서 손을 놓는 경우가 있습니다. 심지어는 30대에서 조로(早老) 현상이 발생하기도 합니다. 당장은 복잡한 실무를 하지 않아도 되기에 몸은 편할 수 있겠으나, 언제까지 자리를 보장받을 수 있을지 장담할 수 없습니다. 불확실한 미래에 능동적으로 대응하기 위해서는 실무자로서의 감을 놓지 않아야 합니다. 조직 내에서 신분은 '자본'과 '노동'으로 나눠지며, '관리'는 임시적인 지위에 불과합니다.

미국 패션계에서 가장 영향력 있는 인물 중 한 사람인 아이리스 아펠(Iris Apfel)은 1921년생입니다. 그는 현재 현역 모델로 활동하면서 유명 패션 잡지의 커버를 장식하고 있습니다. 그는 오랫동안 현역으로 머무를 수 있는 이유를 '젊은 친구들과 동등하게 일하고자 하는 마음가짐(Mindset)'이라고 인터뷰한 적이 있습니다.

또한, '백 년을 살아보니'의 저자 김형석 교수는 "친구들과 살면서 가장 행복한 때가 언제였느냐?를 이야기한 적 있는데 60~75살이라는 데 의견이 일치했다. 내가 만약 환갑 이후에 늙었다고 그때를 포기하고 놓쳤다면 어땠을까?를 생각하면 아찔할 때가 있다."라고 회고하였습니다. ◆

◆ 정아람 기자, 「백 년을 살아보니」 김형석 교수 "예순은 돼야 철든다", 중앙일보, 2019. 2. 13

둘째, 본인의 업무분야에서 끊임없이 공부하고 숙련도를 높여서 시장 경쟁력을 확보해야 합니다.

저자가 학교 졸업 후 취업하기로 마음먹은 이유 중 하나는 회사에 입사하면 더 이상 공부하지 않아도 된다고 생각했기 때문입니다. 그러나 일을 하는데 공부가 더더욱 필요하다는 사실을 깨닫는 데 그리 오랜 시간이 걸리지 않았습니다.

일터 내에서 청년층은 비교적 학습 의지가 높은 반면, 장년층은 이전에 배운 그대로 답습하면서 새롭게 배우는 것에 대한 거부감을 나타내는 경우가 많습니다. "앞으로 직장생활이 얼마나 남았다고?" "머리가 예전같이 않아서"라는 이유를 댑니다. 실제로 OECD의 국제 성인역량 조사 결과에서, 우리나라의 16~24세는 최상위권인데 반해, 55~64세는 최하위권인 것으로 나타났습니다.

이와 같이 상반된 결과를 보이는 이유는 무엇일까요?

아마도 24세 대학까지 과도한 공부로 번-아웃(Burn Out)되어, 취업 이후에는 공부와 담을 쌓는 것으로 보입니다. 그러나 다가오는 '정년 65세 시대'를 과거 '정년 50세 시대'의 마인드로 맞이할 수는 없습니다. 개인별로 차이는 있지만, 사람의 지적인 능력은 중년을 지나 60세 이후까지 발전한다고 합니다.

미국의 발달 심리학자인 에릭 에릭슨(Erik Erikson)은 중년을 '생산성 vs 침체성의 시기'라고 하였습니다. 중년은 자신과 사회의 발전을 위해서 자신의 능력을 발휘하여 생산성을 창출하는 시기입니다. 그러나 자칫 방심하게 되면 자신에게만 관심이 좁아지고, 결국 침체에 빠지게 된다고 합니다.

결국, 생산성 → 정년 연장할 것인가? 아니면 침체성 → 조기 퇴직할 것인가?에 대한 선택은 본인이 스스로 정하는 것입니다.

제3장

경영자의
균형잡기

사업과 사람사이에서

회사는 누구인가?

◆

임금이 체불되거나 부당하게 해고를 당한 노동자들이 회사를 상대로 시시비비를 다투는 과정은 생각보다 쉽지 않습니다. 반드시 이긴다는 보장도 없을 뿐만 아니라 시간도 오래 걸리기 때문에 감정을 잘 다스리지 못하면 심한 스트레스에 시달리거나 우울증에 빠지기 쉽습니다. 일부 노동자는 정신과 치료를 받기도 합니다. 이러한 이유로 노동자들이 부당한 대우를 받더라도 80~90%는 그냥 꾹 참고 넘어가며, 이에 대해 공식적으로 문제를 제기하는 경우는 10%도 되지 않는 것으로 생각됩니다.

반면에 경영자는 어떨까요?

노동자와 분쟁이 발생하면 대표자나 인사담당자도 상당한 심적 부담을 느낍니다. 그러나 거기까지 입니다. 그들의 고민은 업무의 일환으로 이뤄지는 것이며, 퇴근 후 개인적인 차원까지 연장되는 경우는 흔치 않습니다. 노사 간 분쟁이 발생할 경우 대부분 노동자들은 혼신을 다해 싸우는 반면, 사용자는 본인의 역할이나 업무를 충실히 수행할 뿐입니다. 결과적으로 노동자들이 훨씬 힘들게 싸울 수밖에 없는 구조입니다.

그렇다면, 노동자가 상대하는 회사란 누구를 말하는 것일까요?

노동법상 사용자는 사업주, 사업경영담당자, 사업주를 위해 행위하는 자로 구분됩니다. 사업주는 법인 그 자체(예, ○○주식회사), 사업경영담당자는 대표이사, 사업주를 위해 행위하는 자는 중간관리자로 볼 수 있지요.

구성원이 생각하는 회사는 대표이사, 인사담당자, 부서장 등 일터에서 구성원을 직접 지휘 감독하는 사람들입니다. 그러나 구성원이 일하다가 사용자나 관리자와 갈등이나 분쟁이 발생하더라도 이들에게 직접적인 책임을 묻는 경우가 흔치 않습니다. 왜냐하면 대다수 법인 형태의 기업에서 구성원과 근로계약을 체결하는 자, 구성원에게 임금을 지급하는 자, 구성원의 고용안정(부당해고의 상대방)을 책임지는 자는 자연인인 사용자가 아니라 사업주인 '○○주식회사' 그 자체이기 때문입니다.

결국, 회사란 법적으로 인격을 부여받은 '임의의 단체' 그 이상도 이하도 아닙니다. 현장에서 노사관계는 노동자 vs 사용자의 구조이지만, 법률적인 책임은 노동자 vs 임의의 단체인 회사가 다투게 됩니다. 이와 같이 사용자의 이중적 구조로 인해 노사 분쟁 시 사용자가 유리한 위치에서 대응할 수밖에 없습니다.

한편, 사용자의 역할과 책임이 분산되는 다층 구조는 사용자에게 불리하게 작용하는 경우도 있습니다. 사용자 간 서로가 책임을 미루는 상황이 발생합니다. 예를 들어 대표이사는 영업 부서가 소극적이라서 회사의 매출이 부진하다고 하고, 영업 부서장은 인력이 없어서 영업이 어렵다고 하고, 인사담당자는 회사의 인지도가 낮아서 인재 채용이 어렵다고 합니다. 이와 같은 회사에는 담당자나 관리자만 존재하고 책임을 지는 사업주를 찾아보기가 어렵습니다.

구직자에게 채용 설명회를 할 때 인사담당자가 회사이고, 입사지원자의 면접을 보거나 수습 종료를 결정한 경우 해당 부서장이 회사이고, 구성원의 연봉이나 승진을 결정하는 대표이사가 회사입니다. 인사담당자나 중간관리자가 구성원에 대한 주요 근로조건을 정할 때 본인이 최종 책임자라는 마음으로 임해야 합니다. 구성원들이 늘 그러하듯이 말입니다.

대표님은 X축과 Y축 어디쯤에 계신가요?

◆

최근 한국사회의 폐해 중 하나로 '양극화 현상'이 자주 거론되고 있습니다. 소득의 양극화, 세대의 양극화 등이 사회적 이슈가 되고 있습니다. 양극화의 극단에는 서로 상충되는 결코 어울릴 수 없는 대상이나 가치 등이 존재합니다. 복잡한 사회현상을 X나 Y와 같이 두

개 단위로 구분해 보면 이해하기가 쉽습니다. 그러나 현실에서 양극단에 있는 경우는 매우 드물 것으로 생각됩니다. 대부분은 X축과 Y축의 중간 어디쯤에 존재할 가능성이 큽니다.

일터 내 노사관계도 크게 다르지 않습니다. 구성원에 대한 통제를 중시하는(X이론)과 인간의 자율성을 존중하는(Y이론) 중 절대적인 X, 절대적인 Y 경영방침을 채택하는 경우는 극히 일부이며 대다수 기업은 인사영역별로 또는 상황에 따라서 X, Y를 선택합니다. X, Y를 결정하는데 영향을 미치는 요소는 해당 기업의 역사, 사업분야, 조직문화, CEO 리더십 등이 있습니다. 급변하는 경영환경 속에서 중심을 잃지 않기 위해서 경영자는 가끔씩 인사관리의 방향성을 확인할 필요가 있습니다.

"우리 회사의 인사정책은 어느 방향으로 가고 있는가?"

경영자가 이를 명확히 인지하지 못하면, 구성원은 갈피를 잡기가 더욱더 어렵습니다. 현상에 대한 판단은 주변 동료나 지지자가 아닌 상대방과 제삼자의 시각에서 바라볼 때 보다 선명해질 수 있습니다. 현실에 대한 객관화를 통해 거시적인 인사관리 방향성을 파악해야 구체적인 사안마다 미세 조정할 수 있습니다.

인사정책의 방향성이 정해졌다면, 이후에 일관성을 유지하는 것이 중요합니다.

첫째, 경영자는 말과 행동이 일치해야 합니다.

누구에게나 해당되는 내용이지만, 구성원에게 미치는 경영자의 영향력이 상당하기에 더더욱 주의를 기울여야 합니다. 어떤 CEO는 구성원들에게는 Y이론(인간중심)으로 소통하면서, 실제 의사결정 시에서는 X이론(구성원 통제)으로 실행하기도 합니다. 어떤 경영자는 구성원들에게 회사 규칙을 지킬 것을 강조하면서, 본인은 노동법과 타협을 시도합니다. 구성원들이 경영자의 언행 불일치를 간파하는데 그리 오랜 시간이 걸리지 않습니다.

둘째, 인사관리 과정 상 방향이 일치해야 합니다.

채용-복무-평가-보상-퇴직 등 주요 인사관리 부문에서 일관성 있는 정책을 유지하는 것이 중요합니다. 성과를 중시하기에 우수 인재를 자주 영입하지만, 보상은 1년에 2호봉씩 올라가는 호봉제를 그대로 유지하는 회사가 있습니다. 장기 고용을 약속하며 임금피크제를 도입하였으나, 상시적으로 희망퇴직을 유도하는 회사도 있습니다. 그때그때마다 인사정책이 달라지면 구성원들에게 전달되는 메시지가 불분명해집니다. 사람 관리는 생각한 대로 실행해야지 생각나는 대로 하게 되면 주먹구구가 됩니다.

말이 앞서는 CEO의 후회

◆

어느 날 중소 건설사 W사 CEO가 저자의 사무실에 방문하였습니다. 퇴사한 직원이 재직 시 지급받은 인센티브를 퇴직금에 포함시

켜 달라고 고용노동부에 진정을 제기하였는데, 이에 대해서 할 말이 많다고 하더군요. 해당 직원의 주장은 CEO가 평소 월례 조회나 회의 시 구성원들에게 인센티브 지급 및 복리후생에 대해 수 차례 언급하였고, 정기적으로 인센티브를 지급받았기에 이를 포함한 금액으로 퇴직금을 산정해야 한다는 것입니다.

반면에 CEO는 "인센티브에 대한 언급은 구성원들을 동기 부여하기 위한 차원이었고, 법적으로 꼭 줘야 하는 금액도 아닌데, 퇴직금에 포함하는 것은 말이 안 된다."라고 반박하였습니다. 더욱이 해당 구성원은 설립 초창기 멤버로 주택 구입 시 수천만원을, 자녀 학자금으로 수백만원을 지원하였기에, 따지고 들면 오히려 회사가 일정 금액을 돌려받아야 한다는 것입니다.

본 건과 같이 퇴직금 산정 시 성과급을 포함해야 하는지 여부는 아래의 유형에 따라서 달라지게 됩니다.

성과급의 지급 유형

1. 회사의 규정 없이 임의적으로 지급한 경우
2. 추상적 규정(지급할 수 있다)만 있고, 구체적인 지급률이나 금액은 매년 달리 정한 경우
3. 성과목표를 정하고 실적 달성에 따라 지급하거나(PI), 회사의 이익을 분배하는 경우(PS)

1, 2의 경우는 구성원이 회사의 성과와 관계없이 매년 정기적으

로 성과급을 받는 것이 관행이라고 인식될 정도가 아니면 임금으로 보기가 어렵습니다.

3 경영성과급이 매년 반복적으로 지급되더라도 지급 여부, 지급 금액 등이 회사 전체의 경영성과에 따라 결정되는 경우라면 지급사유가 불확실하므로 임금으로 볼 수 없다는 것이 판례◆의 입장입니다. 그러나, 2018년에 공공기관의 경영평가 성과급이 평균임금에 포함된다는 대법원 판결이 나온 이후에 주요 대기업의 퇴직자들이 성과급을 포함하여 퇴직금을 재산정해달라는 소송이 줄을 잇고 있습니다.

상당수 중소기업에서는 회사의 규정보다 CEO의 말이 우선적으로 적용되는 경우가 많습니다. CEO가 아무리 선한 의도로 말했다고 하더라도 구성원이 당연히 받는 것으로 인식한 경우에는 회사가 추가적인 금액을 지급해야 할 수도 있습니다.

CEO의 입장도 이해가 됩니다. 인원이 많지 않은 중소기업에서 한 명 한 명이 제 역할을 해줘야 일이 됩니다. 회사의 파이(Pie)를 키워서, 함께 나누려는 취지로 구성원의 처우 개선에 대한 얘기를 할 수가 있습니다. 그러나 사용자의 언행은 영향력이 크기에 노동자의 그것보다 무거워야 합니다. CEO가 구성원들에게 생색을 내고 싶은 순간적인 충동이 생긴다고 하더라도 그대로 입 밖으로 내뱉어서는 안 됩니다. 본인의 발언에 대한 영향력을 면밀히 검토한 후 말해야

◆ 대법 2006.5.26, 2003다54322

하며, 나아가 말없이 행동으로 보여줄 때 구성원의 마음에 울림이 될 수 있습니다.

"사람은 고쳐 쓰는 것이 아니다(X), 사람은 맞춰 쓰는 것이다(O)"

좋은 놈, 나쁜 놈, 이상한 놈

◆

구성원과 크고 작은 분쟁을 겪은 경영자들이 한결같이 하는 말이 있습니다.

"앞으로 직원들에게 잘해줄 필요가 없다."

오랜 시간 쌓아 온 신뢰가 한순간에 물거품이 되는 것을 느껴본 사람이라면 이런 생각을 할 수 있습니다. 사람들은 일상에서의 경험을 토대로 가치관을 정립하고 판단기준을 업데이트합니다. 선입견이나 고정관념은 경계의 대상이지만, 치열한 경쟁에서 생존하기 위해서 과거의 경험을 토대로 적과 동지를 즉각적으로 판단해야 하는 상황을 피할 수는 없습니다.

노사관계도 이와 유사합니다. 구성원이 직접 만나 본 경영자 또는 함께 근무했던 구성원들을 통해서 경영자와 구성원에 대한 이미지가 형성되고, 어느 순간부터 깨지기 어려울 정도로 상대방에 대한 입장이 명확해집니다. 이런 상황에서 상대방은 어쩔 수 없이 나쁜 놈 역할을 맡아야 합니다.

어느 영화의 제목과 같이 조직 내에는 세 가지 부류의 사람이 있습니다. 이들은 좋은 놈, 나쁜 놈, 이상한 놈입니다. 우리나라의 노사관계 순위를 보면, 노사 모두에게 상대방은 나쁜 놈(분)일 가능성이 큽니다. 저를 포함해 주변 친구들 중에 '딸 바보'인 친구들이 많습니다. 술자리에서 자주 오가는 이야기입니다.

"내가 객관적 볼 때, 내 딸은 걸그룹이 될 것 같아!"

내가 보는 것은 주관적이고 이해관계가 없는 타인이 판단하는 것을 객관적이라고 하는데 이를 혼동하는 사람이 많은 것 같습니다. 특정한 행동이 발생한 원인을 추론하는 '귀인 이론(Attribution Theory)'은 타인의 행동에 대하여 "저 사람은 원래 그런 사람이야."라는 식으로 기질적 또는 성격적인 측면을 통해 설명하려고 합니다. 평소에 이성적인 사람도 막상 본인 일이 되면 객관적으로 판단하기가 쉽지 않습니다. 결국, 절대적인 객관성에 한계가 있을 수밖에 없습니다.

노사관계는 상대적인 관계입니다. 상대적이라는 뜻은 대립적이라는 의미가 아니라, 노무제공 = 임금지급에 있어서 역할이나 입장의 차이가 있다는 뜻입니다. 인간관계는 절대적이기보다는 내가 또는 상대방이 어떻게 하느냐에 따라 상호 유기적으로 달라질 수 있습니다. 나와 상대방 모두가 불완전한 존재라는 사실을 인정하고 상대방에 대한 기대수준을 약간만 낮춘다면, 극단적인 상황이 조금 더 줄어들 수 있지 않을까요?

좋은 놈(X), 나쁜 놈(X), 나와 성향이 다른 사람(O)

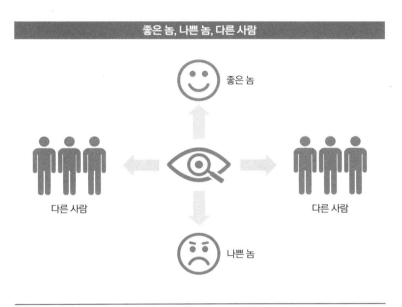

"이윤을 내지 않겠다는 것은 그 누구도 착취하지 않겠다는 의미,
즉 그 누구에게도 상처를 주지 않겠다는 의미다."
– 와타나베 이타루의 '시골빵집에서 자본론을 굽다' 중에서

구성원과 동기화하시겠습니까?

◆

며칠 전 중소 제조업체 E사 대표자를 만나 얘기를 나눌 기회가 있었습니다. 대표자는 "직원들에게 법정 기준 이상으로 충분히 보상을 해주고 있는데, 직원들이 잘 모르는 것 같다."라고 토로하더군요. 이어서 중간관리자를 만나서 이에 대해서 물어보니 다음과 같이 이야기했습니다.

"우리 회사에서 가장 모르시는 분은 대표님인 것 같습니다. 직원들은 성과급을 받는 것도 좋아하지만, 직원들이 진정으로 원하는 것은 자유롭게 휴가를 사용하는 것입니다."

저자가 E사에 방문한 지 1시간도 안돼 파악한 문제점을 대표자는 모르고 있는 것일까? 아니면 모른 척하는 것일까? E사 대표자가 대화 말미에 이런 말을 남겼습니다.

"내가 회사 다닐 때는 이렇지 않았는데, 요즘은…"

경영자 중에는 구성원의 태도나 행동이 과거 본인이 직장 생활했던 때와 많이 다르다고 말하는 경우가 종종 있습니다. 그러나 세상 모든 것이 변하는데 구성원만 변치 않을 수 없을 것입니다. 사람들은 주변 환경변화에 적응하기 위해서 이전의 생각이나 행동을 조금씩 수정합니다. 세상 변화에 아랑곳하지 않고 옛날 얘기만 하면 시대에 뒤쳐지는 사람이 될 수밖에 없습니다. 이러한 변화는 옳고 그름의 문제가 아니라 생존과 도태의 문제입니다. E사에서 돌아오는 길에 이런 생각이 들더군요.

"80년대 직장생활을 경험한 대표자가 90년대 경영방침과
인사제도를 가지고 21C 노동자와 함께 일하고 있다."

구성원에 대한 동기 부여는 경영자의 주된 관심사 중에 하나입니다. 이에 대해 많은 이론이 나와있고, 다양한 기법이 활용되고 있습니다. 그러나 정작 중요한 것은 동기 부여의 주체는 경영자이지만, 동기의 주체는 구성원이라는 점입니다. 경영자는 구성원의 동기부여를 생각하기 전에 먼저 구성원과 생각을 동기화해야 합니다. 경영자는 주변 사람뿐만 아니라 평범한 구성원이 어떤 생각을 가지고 일하는지를 알아채려는 노력을 해야 합니다. 경영자가 주고 싶은 동기가 아니라 구성원이 받고 싶어 하는, 구성원의 행동 변화를 유도할 수 있는 그것을 부여해야 합니다.

구성원과 동기화하기 위해서 사장실 문을 활짝 열어 놓는 것만으로는 부족합니다. 정기적으로 구성원을 속마음을 엿볼 수 있어야 합니다. 스마트폰으로 간편하게 의견조사를 할 수 있는 도구가 많이 늘어나고 있습니다.

구성원과 생각을 동기화할 수 있는 Tool

1. 구글독스(docs.google.com)
2. 서베이몽키(ko.surveymonkey.com)

"경영자는 구성원의 동기부여를 생각하기 전에 구성원과 생각을 동기화해야 한다."

귀사의 구성원과 동기화하시겠습니까? 확인 or 취소

8분의 1의 법칙

◆

중소기업 CEO를 대상으로 노동법 강의를 했을 때 일입니다. 강의가 끝나고 나서 한 분이 저자에게 다가와서 이런 말을 하셨습니다.

"여기 계신 대표자들도 사업 초기에는 직원들에게 잘해주고자 하는 의욕이 넘치셨던 분들입니다. 사업을 운영하면서 조금씩 생각이 바뀐 것이지 처음부터 직원들에게 인색했던 대표자는 없습니다."

어느 정도 공감이 가는 말이네요. 저자도 작은 규모지만 사업을 운영한 적이 있는데, 사업을 하면서 사람의 심리나 행동에 대해 많은 생각을 하게 되었습니다. 대부분의 경영자는 나름대로 사람에 대한 철학을 가지고 있습니다. 이러한 신념은 사업을 하는 과정에서 조금씩 달라지기도 합니다.

스탠퍼드 경영대학원의 제프리 페퍼(Jeffrey Pfeffer) 교수는 '휴먼 이퀘이션'이라는 책에서 '8분의 1 법칙'에 대해 아래와 같이 이야기 하였습니다.

사람들 가운데 2분의 1은 사람을 관리하는 방식과 조직의 성과 사이에 존재하는 상관관계를 쉽게 믿으려 하지 않습니다. 믿는 사람들 중에 2분의 1은 사람중심 경영에 대한 체계적인 접근보다는 단 한 번의 시도를 통해 당면한 모든 문제를 해결하려고 합니다. 제대로 접근한 사람의 2분의 1은 중도에 포기하고, 나머지 2분의 1만이 사람중심 경영을 통해 조직의 성과를 달성할 만큼 충분한 기간 동안 실천합니다.

즉, 기껏해야 약 8분의 1에 해당하는 소수의 조직만이 '사람을 최우선시하는 경영방식'을 통해 기업이윤을 높일 수 있습니다.

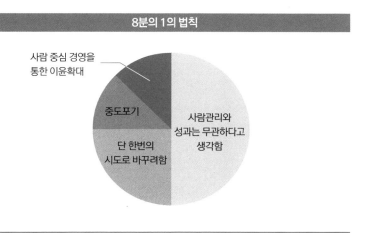

8분의 1의 법칙

사람 중심 경영을
통한 이윤확대

중도포기

단 한번의
시도로 바꾸려함

사람관리와
성과는 무관하다고
생각함

처음부터 사람 관리와 성과가 무관하다고 생각하는 경영자는 이 책을 접하게 될 가능성이 적을 것이므로 논외로 하고, 사람 관리가 중요하다는 것을 알고 있는 나머지 8분의 3에 해당하는 경영자들은 경영 성과로 이어지기 전에 중도에 포기한다는 것입니다.

앞서 강의에서 만난 대표자와 같이 저자 주변에는 이 영역에 해당하는 사람들이 많습니다. 사업을 운영하면서 독특한 성향의 구성원을 만나게 되면, '사람 중심'이라는 이상을 실천하기에 현실의 벽이 너무 높게 느껴집니다. 고백하건대 저자도 과거에 구성원과의 관계에서 이 벽을 넘지 못했습니다. "사업은 아무나 하는 것이 아니다."라는 교훈을 얻고 독립 사업자의 길을 걷게 되었습니다.

사업＝사람이라는 상관관계를 믿고, 사업을 성장시켜야겠다는 포부가 있는 경영자라면 1/8법칙을 적용해 보길 조심스럽게 제안합니다. 경영이나 인사관리는 치밀한 전략도 중요하지만, 이를 꾸준히 실행할 수 있는 지구력이 더욱 중요합니다. 당신의 일터는 사람과 성과를 모두 얻을 수 있는 8분의 1(12.5%)에 포함될 준비가 되어 있습니까?

"기업의 전략은 5%의 생각과 95%의 실행으로 구성되고,
실행은 5%의 기술적 요소와 95%의 인간적인 요소로 구성된다."
– 쿠이 후이(Quy Huy)

흔들리지 않는 사람관리

자율과 규율 사이

◆

요즘 신생 기업 중에서 자율적인 근무 분위기를 권장하는 기업들이 자주 언론에 소개됩니다. 저도 10여 년 전에 벤처기업인 A사에서 근무한 적이 있습니다. A사에서 일할 때 대기업의 경직된 조직문화 속에서 눌렸던 감성이 새록새록 깨어나는 것을 느꼈습니다. 회사가 놀이터였고 회사에 머물러 있는 시간이 즐거웠습니다. 구성원이 대부분 20대~30대 초반이었고 자유로운 회사 분위기에 대한 만족도가 높았습니다. 그러나 거기까지였습니다. 장밋빛 전망으로 대규모 투자를 받았던 A사는 뚜렷한 실적을 보이지 못하고 몇 년 후 사업을 정리할 수밖에 없었습니다.

이제 와서 뒤돌아보니, A사의 사업분야, 경영방식, 조직 분위기 등 모든 면에서 자유가 넘쳤습니다. 솔직히 얘기하면 일하는 체계가 전혀 없었던 것입니다. 일터가 동아리나 사교 모임과 다른 이유는 '이윤 추구'와 '지속 가능성'에 있습니다. 지속적으로 손실이 발생하는 기업은 구성원에게 고용안정을 보장해 주기가 어렵습니다.

기업의 여러 기능 중 최소한 핵심 사업분야(Primary Activity)에서는 일정한 규율이 필요합니다. 고객에게 제품이나 서비스를 안정적으로 제공하기 위해서 정해진 규칙이나 규율이 있어야 합니다. 구성원의 자율성을 높이기 위해서 고객을 희생시켜서는 안 됩니다.

IT 아웃소싱사업을 수행했던 L대표는 구성원들에게 급여를 넉넉히 주지 못하는 것에 대해 항상 미안한 마음을 가지고 있었습니다. 이러한 이유로 가급적 구성원들이 자유로운 분위기에서 근무할 수 있도록 배려하였습니다. 사무 공간도 편리하게 바꾸고, 근무시간도 줄여주고, 휴가도 넉넉히 부여하였습니다. 그러나 구성원의 자율성이 높아진 것에 대한 대가는 고객들의 불편함으로 고스란히 전가되었습니다. 고객이 업무상 요청을 하였을 때 담당 구성원이 휴가를 가면 처음에서는 "죄송하지만…"라는 식으로 이해를 구했으나, 시간이 지나면서 "휴가 간 사람을 왜 찾느냐?"라는 투로 변하게 되었다고 하더군요. 결국 고객들이 하나둘씩 떠나게 되었고 L대표는 해당 사업을 접을 수밖에 없었습니다. 자율성을 만끽하던 구성원은 결국 자유인이 되었습니다.

저는 학창 시절에 청운의 꿈을 꾸며 학교 고시반에 머물렀던 적이 있었습니다. 초기에 조직생활의 어려움을 느끼고 있을 무렵, 같은 방을 쓰는 졸업생 선배가 이런 말을 했던 것이 기억에 남습니다.

"야! 그냥 편하게 공부하면 돼. 다만, 선배랑 속옷만 바꿔 입지 않으면 된다." 그때 상황에 딱 들어맞는 말이었습니다. 저자는 지금 조직에 속해 있지 않지만, 회사 후배가 있다면 이렇게 얘기해 주고 싶습니다.

"회사가 놀이터라고 생각하고 일하면 됩니다.
그러나 진짜 놀이터가 되면 안 됩니다."

> 새로운 것의 창조는 지능이 아니라 내적 필요에 의한
> 놀기 본능을 통하여 달성됩니다.
> - 칼 구스타프 융(Carl Gustav Jung)

선택과 재량의 의미

◆

2018년 7월부터 노동시간 단축 시행에 맞물려서 탄력근로시간제 개정 논의가 이뤄지고 있습니다. 그동안 근로기준법 제51조(탄력적 근로시간제) 제52조(선택적 근로시간제) 제58조 ③ (재량 근로시간제) 조항은 사람들의 관심을 받지 못했던 원론적인 내용이었으나, 이제는 서서히 관심이 높아지고 있습니다.

탄력-선택-재량근로시간제는 경영자를 위한 제도일까요? 구성원을 위한 제도일까요? 법령상 문구를 보면, "일정한 조건을 충족하면, 특정주에 40시간을, 특정일에 8시간을 초과하여 근로하게 할 수 있다."라고 정하면서 노동시간을 확장하고 있기에 경영자의 이

익을 위한 것으로 해석됩니다.

그러나 실제 운영과정에서 구성원의 선택이나 재량을 높이거나 법정제도 이외에 시차근로제, 재택근로제 등 다양한 유연근로제로 확대한다면 구성원에게도 환영받을 수 있습니다. 미국에서 실시한 설문조사 결과, 10~20% 임금인상보다 오히려 유연근무제를 택할 것이라고 응답한 구성원이 더 많았다는 사실도 같은 맥락일 것입니다.

이중 탄력근로〈선택근로〈재량근로 순으로 구성원의 자율성이 커지는 유형입니다. 탄력근로는 경영자가 노동시간을 정하는 것이므로 구성원에게 선택권이 없습니다. 그러나 선택근로는 한 달간 노동시간 총량을 정하면 출근 시각과 퇴근 시각은 구성원이 알아서 정하면 됩니다. 더 나아가 재량근로에는 출퇴근 등 노동시간 자체를 따지지 않습니다.

그동안 업무 방식은 정해진 노동시간에 적정 인력을 투입하면 원

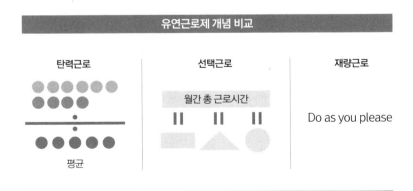

하는 결과물이 나오는 구조였습니다. 이와 같이 획일적 환경하에서 구성원의 선택과 재량은 주요한 고려사항이 아니었습니다. 그러나 미래의 일터에서는 창의성과 문제해결력이 요구되는데, 이는 투입 시간 등 양적인 요소보다는 자율성이라는 질적인 요소와 관련성이 높습니다.

구성원들이 유연근로제를 선호하는 이유는 노동시간이 줄어들기 때문이 아니라 '일에 대한 자기 결정권'이 높아지기 때문입니다. 저자의 집에서 주말에 흔히 일어나는 풍경입니다.

엄마: "아들, 내일 토요일에 ○○봉사 가야 해."
아들: "싫어 안 갈래!

　　　　엄마는 나한테 얘기도 안 하고 누구 마음대로 일정을 잡은 거야."

통제받는 것을 좋아하는 사람은 별로 없을 것입니다. 그러나 일터에서는 정해진 시간의 틀 안에서 머물러 있을 것을 요구합니다. 구성원은 회사가 정한 근태관리 테두리 안에서 노동력을 제공해야 합니다. 그러나 구성원이 원하는 것은 선을 넘는 것이 아니라 예측 가능성입니다. 인생 전체를 예측하기 어렵겠지만, 이번 주의 업무스케줄을, 이마저도 어려우면 내일 당장 해야 할 일을 구성원이 스스로 결정할 수 있도록 해야 합니다.

재량근로는 노동시간의 통제를 받지 않는 구성원에게 유리한 제도이지만 '일한 결과'를 보여줘야 합니다. 경우에 따라서는 주말에도 상사로부터 걸려오는 전화를 받아야 하는 수고를 감수해야 할수도 있습니다. 프리랜서나 1인 사업자는 완벽한 재량 업무 수행자로서 상시적으로 오픈된 유형입니다.

구성원의 선택권을 확대하는 유연근로제의 유연성이 극도로 높아지게 되면 의도치 않은 결과를 초래할 수 있습니다. 얼마 전 전자부품을 만드는 C사에서 재무업무를 담당하는 R이라는 구성원을 해고하였다고 합니다. R은 회사 창립 시부터 근무하여 회사의 재무에 대한 모든 히스토리를 꿰차고 있었습니다. R이 빠진 재무팀은 상상하기도 어려웠다고 하더군요. R의 업무능력은 누구나 인정하였지만, 독단적인 성격 때문에 동료는 물론 소속 팀장에게도 부담스러운 인물이었습니다. 그러던 중 최근에 R이 팀 내 업무 일정을 무시하고 장기 휴가를 계속 신청하였고, 심지어 팀장의 승인 없이 휴가를 가는 경우가 빈번해졌다고 합니다. 해당 팀장의 말입니다.

"처음에는 R의 공백을 메꾸려고 팀원들이 엄청 고생을 했죠. 하나둘씩 처리하다 보니, 어느 순간 R이 없이도 전혀 문제가 없다는 것을 깨닫게 되었고, 인사팀에 R의 이동을 건의했습니다."

유연근로제는 노동시간의 선택이나 재량을 부여하는 것입니다. 그러나 '노동시간'이 아닌 '고용'에 대한 선택이나 재량권을 부여한다면 상황은 달라지게 될 것입니다.

> "시간과 공간에 얽매이지 않는 일하는 방식으로의 변화를 원활하게 실행하기
> 위해서는 일한 '시간'만으로 보수를 결정하는 것이 아니라 성과에 따른 평가가
> 보다 중요하다. 자립한 개인이 자율적으로 다양한 스타일의 일하는 것이 요구된다"
> – 일본 후생노동성 「일하는 방식의 미래 2035」 중에서

그래서 결론은 해고입니다

◆

인터넷에 떠도는 유머를 모은 위트백과사전에 나오는 이야기 중 하나입니다.

미국의 어느 주 정부에서 고물 하치장을 만들었다. 이후 도난을 예방하기 위해 야간 경비원을 채용했다. 경비를 채용하고 보니 어떻게 일을 시켜야 할지 몰라서 행동강령을 작성할 직원을 뽑았다. 이후 경비원이 양심적으로 일하는지 의문이 들어 이를 감시할 관리 직원이 필요하였다. 사람이 점차 늘어나자 이들에게 급여를 지급하고 세무 처리를 담당할 직원을 채용하였다. 1년이 지난 후 결산해보니 당초 예산을 초과하였다. 결국, 주 정부는 야간 경비원을 해고하였다.

조직이 비대해지다 보니 당초 사업 목적인 '경비 보안'을 망각하고, 주력 업무를 담당하는 육체 노동자가 해고되는 웃지 못할 결과가 나왔습니다. 위 사례에서 가장 안정적인 사람은 의사결정을 하는 공무원입니다. 우리나라도 공무원 시험 경쟁률이 높은 것을 보니, 유사한 상황이 발생하고 있는 것은 아닌지 의심이 드네요. 중간

에 위치한 관리직의 상황도 녹록지 않습니다. 언제 정리될지 모른다는 불안감에 장시간 노동에 시달립니다.

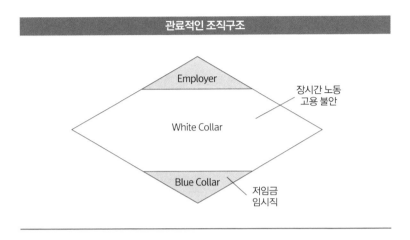

저자가 컨설팅 업무를 처음 시작할 때 멘토로부터 배운 가르침은 "사실에 기반한 결론을 내려야 한다."는 것입니다. 이를 위해서 기초적인 사실관계를 정확히 분석하는 '로지컬 씽킹(Logical Thinking)'을 집중적으로 학습하였습니다. 주요 내용을 요약하면 아래와 같은 내용입니다.

합리적 사고는 좌뇌를 중심으로, 직감적 사고는 주로 우뇌에서 담당합니다. 좌뇌와 우뇌를 동시 활용해야 바람직한 결론을 도출할 수 있습니다. 경영자는 사업과 관련된 의사결정 시 합리적인 결정을 하려고 애를 쓰는 편이나, 노사관계에서는 직감적으로 결론을 미리 정해놓고 관련 근거를 찾는 경우가 많습니다.

로지컬 씽킹의 구조

경험,
지식, 정보 .... Input

THINK! 합리적 사고 / 직감적 사고 INSIGHT! .... Processing

효과적
문제 해결 .... Output

사회심리학자 조너선 하이트(Jonathan Haidt)는 바른 마음(The Righteous Mind)이라는 책에서 다음과 같이 이야기하였습니다.

"인간은 이성적으로 판단한 후 행동하는 게 아니라, 옳고 그름을 먼저 직감한 후 그걸 정당화하기 위해 나중에 근거를 만들어 낸다."

몇 년 전 업무능력이 부족하다는 이유로 해고된 노동자와 면담한 적이 있습니다. P사에서 작성한 해고 통지서를 보니, 해고사유가 무려 십여 개가 넘었습니다. 3년 전 발생한 지각, 2년 전 업무 목적 이외 법인카드 사용, 1년 전 소속 팀장의 업무지시 위반 등 사실관계에 대해 확인이 필요할 뿐만 아니라, 대부분 시간이 꽤 지난 내용이었습니다. 나중에 알고 보니, 대표이사가 바뀌면서 기존 대표이사의 측근을 정리(?)하려는 의도가 숨겨져 있더군요.

처음부터 해고라는 결론을 내린 이후에 여러 가지 사유를 덧붙여서 해고 통보를 한 것입니다. 이후 이 사건은 부당해고 판정을 받았고, P사는 추가적인 경제적 부담을 치러야 했습니다. 합리적·논리적으로 판단해야 노사 모두에게 득이 된다는 사실을 너무나 잘 알고 있지만, 현실에서는 이와 거리가 먼 사건을 자주 접하게 됩니다.

자동차 부품업체인 T사의 인사제도 컨설팅을 한 적이 있습니다. 첫 방문 이전에 회사에 대한 뉴스를 찾아보니, CEO가 '섬김의 리더십, 소통 경영' 등의 주제로 인터뷰한 내용을 확인할 수 있었습니다. 이후 T사를 방문하여 구성원과 인터뷰한 내용은 다음과 같습니다.

저자: "대표님이 구성원들의 의견을 잘 들어주시는 편인가요?"

구성원: "네, 그렇습니다. 항상 구성원들의 목소리에 귀 기울여 주십니다. 그런데, 결론은 언제나 대표님의 뜻대로 내리시죠."

소통을 좋아하는 대표자가 듣고자 한 것은 찬사, 지지, 호응 등 이었습니다. 대표자의 대화 목록에서 '비판'은 처음부터 없었는지 모릅니다. T사 CEO는 히어링(Hearing)의 달인일 수는 있으나, 리스닝(Listening) 능력은 부족해 보입니다.

집단주의 문화에 익숙해진 기업 문화 속에서 조금이라도 반대의 목소리를 내면 일단 적으로 간주합니다. 학교나 회사 어디에서도 비판하는 법을 배워본 적이 없습니다. 2019 세계경제포럼에서 조사한 비판적 사고 교육(Critical Thinking in Teaching) 순위에서 한국이 141개국 중 90위를 차지한 것은 숨기고 싶은 사실입니다.

노사협의회 규정이나 단체협약에서 '협의'라는 문구가 자주 등장합니다. 협의는 서로 의논하는 과정을 중시하는 개념으로서, '의견의 합치'를 의미하는 합의와 구분됩니다. 협의는 반드시 의견이 합치할 필요까지는 없지만, 이슈가 되는 사안에 대해 합의에 이를 정도로 진중하게 논의하는 노력이 요구됩니다. 그러나 노사 모두 "부담스럽다"는 이유로 협의 사항은 "테이블 위에 꺼내 놓기만 하면 된다."라고 생각하는 경우가 적지 않습니다. 처음부터 상대방의 말을 들어줄 생각은 없었던 것입니다.

노사 간 대화 시 방향 설정 없이 무작정 대화를 시작하기는 어렵습니다. 그러나 대화를 시작하기 전에 결론을 내리기보다는 (잠정안) → (경청/협의) → (최종안) 형태로 한 템포 느리고 유연하게 접근할 필요가 있습니다.

입구의 시계와 출구의 시계

◆

몇 년 전 N사의 인사담당자인 C가 저자를 찾아왔습니다. 기업의 관리자로서 인사담당자를 자주 만나지만, 이날 C는 본인이 받은 징계에 대해 상담받기 위해 방문했습니다. C가 징계를 받은 이유는 본인의 근태 기록을 임의로 수정했기 때문이라고 합니다. 사실 C는 5분 내외로 몇 번의 지각을 한 적이 있었다고 합니다. C는 근태관리 시스템에 접근 권한이 있기에 시스템에 접속하여 지각을 '정상 출근'으로 수정하였습니다.

근로기준법 시행규칙 별표에는 해고예고를 하지 않아도 되는 근로자의 귀책사유를 열거하고 있는데, 그중 하나가 '인사 · 경리 · 회계담당 직원이 근로자의 근무상황실적을 조작하거나 허위서류 등을 작성하여 사업에 손해를 끼친 경우'입니다. 이처럼 출퇴근 기록 수정(조작)은 비위행위에 해당하지만, C가 지각한 시간이나 횟수가 많지 않고, 회사에 직접적인 손해가 발생했다고 보기가 어려워 C에게 중징계는 어려운 상황이었습니다. 그러나 N사는 C에게 정직처분을 내렸고, C는 노동위원회에 부당정직 구제신청을 하였습니다. N사는 C의 근태 수정을 입증하기 위하여 몇 년간의 지문인식 근태 기록을 노동위원회에 제출하였습니다.

저는 C를 대리하여 사건을 진행하면서 이상한 점을 발견하였습니다. C가 지각에서 정상출근으로 수정한 시간은 건당 5분 내외이고 지각한 시간을 합산해도 30분이 넘지 않았습니다. 그런데 C는 거의 매일 2~3시간씩 연장근로하면서 밤늦게 퇴근하는 날이 다반사였습니다. 회사에서 제출한 근태자료에 연장근로 내용이 고스란히 나타나 있었던 것입니다. 이에 대한 문제를 제기하자 회사 측은 '자발적인 근로' 운운하면서 연장근로를 인정하지 않으려 하였습니다. 그러나 C는 고용노동부 진정을 통해서 연장근로를 인정받았습니다. N사는 출근 시 5분은 소중하게 생각하면서, 퇴근 시 2~3시간은 "나 몰라라." 했던 것입니다. 시간은 경영자와 구성원 모두에게 소중한 자원입니다.

출퇴근 시뿐만 아니라 입 퇴사 시에도 다른 잣대를 적용하는 경우가 있습니다. 입사 시에는 노사 모두가 관대하고 여유가 있습니다. 그러나 일하면서 갈등의 골이 깊어지게 되면 퇴사 시점에는 보다 보수적이고 비딱하게 보는 경우가 많습니다. 경영자와 구성원은 본인의 상황에 따라 다른 의견을 제시할 수 있습니다. 그러나 사실관계를 판단하는 잣대(기준)는 같아야 합니다. 우리 회사의 시계는 제대로 작동하고 있는지 확인해 볼 필요가 있습니다.

"회사 입구에 걸린 시계와 출구에 놓인 시계는 동일해야 합니다."

열 받는 구성원이 늘어나고 있다

◆

요즘 '퇴사'와 관련된 도서와 콘텐츠가 점점 늘어나고 있습니다. 이제는 퇴사가 하나의 목표가 되거나 부러움의 대상이 되는 시대가 되었습니다. 이처럼 퇴사가 유행하는 이유는 삶을 대하는 가치관이나 직업관의 변화도 있겠지만 구성원의 직무 스트레스가 높아진 것이 주요 원인 중 하나일 것입니다. 직무 스트레스를 유발하는 주요 원인을 세 가지로 나눠 볼 수 있습니다.

   1. 경쟁적 인사시스템으로 인한 긴장감
   2. 장시간 근로로 인한 무기력감
   3. 과도한 정보 및 사람과의 연결로 인한 피로감

1. 긴장감

인사평가를 실시하는 대부분의 기업은 상대평가를 적용하고 있습니다. S A B C D라는 평가 등급에 맞춰 구성원들을 강제 배분하는 방식입니다. 상대평가의 여러 가지 문제점에도 불구하고 기업에서 선호하는 이유는 시행하기가 간편하고 임금제도와 연계가 용이하기 때문입니다. 그러나 상대평가는 상대적인 우열을 가리기 때문에 어쩔 수 없이 회사 내 절반 이상의 구성원은 열등한 것으로 분류될 수밖에 없습니다.

  평가를 받는 구성원뿐만 아니라 평가자도 부담스럽기는 마찬가지입니다. 인사평가 결과에 대해 구성원에게 설명을 하고 이해를 구하는데 애를 먹습니다. 관리자는 종종 이런 말을 합니다. "긴장들 하고 일 합시다." 그러나 지나친 긴장은 업무 효율을 떨어뜨릴 뿐만 아니라 구성원의 건강에 독이 될 수 있습니다.

2. 무기력감

하루 24시간을 활동 유형별 나눠보면 8시간 일하고, 8시간 잠자고,

8시간 여가활동을 하는 것이 가장 이상적일 것입니다. 그러나 현실은 10시간 이상 일하고, 출퇴근에 소요되는 시간이 늘어나서 수면과 여가에 할애할 시간이 충분치 않습니다. 평일과 주말을 가리지 않고, 앞만 보고 달리던 구성원도 어느 순간부터 의욕을 잃는 경우가 종종 나타납니다. 일명 '번 아웃 증후군(Burn-out Syndrome)'입니다.

저자도 중요한 프로젝트를 끝내고 나면 긴장이 풀려서 사소한 병치레를 한 적이 몇 차례 있습니다. 우리 몸은 본능적으로 에너지 소비와 휴식의 비율을 조절하는 것 같이 느껴집니다. 번 아웃되지 않으려면 억지로라도 쉬어야 합니다. 그렇지 않으면 산재보험에 대해 자세히 공부해야 할 일이 생길 수 있습니다.

3. 피로감

정보화 사회에서 정보는 돈입니다. 노동법을 잘 아는 구성원은 자신의 권리를 지킬 수 있고, 업계 동향에 민감한 경영자는 새로운 사업 기회를 만들 수 있습니다. 기술의 발전으로 우리가 접하는 data의 양이 이전보다 훨씬 많아졌습니다. 클릭 한 번에 뉴스가 쏟아집니다. 그러나 무의미한 Data와 일과 생활에 도움이 되는 정보는 구별되어야 합니다.

스마트폰이 나오기 전에 직장인들은 지갑 한 구석에 코팅한 '비상연락망'을 지니고 다니곤 했습니다. 예상치 못한 상황을 대비하기 위한 안전장치였지요. 그러나 이제는 스마트폰을 통해 Always On 되어 있기에 비상연락망은 이제 추억 속으로 사라졌습니다. 프랑스

등 일부 국가에서는 퇴근 이후 '연결되지 않을 권리'를 법적으로 보호하고 있으며, 우리나라에서도 관련 입법안이 국회에 발의되었습니다.

건강한 상태에서 일해야 하는 것은 구성원의 책무이자 사업주의 의무이기도 합니다. 산업안전보건법에는 이에 대해 구체적으로 명시하고 있습니다.

〈산업안전보건법〉
제5조(사업주 등의 의무) ① 2. 근로자의 신체적 피로와 정신적 스트레스 등을 줄일 수 있는 쾌적한 작업환경을 조성하고 근로조건을 개선할 것

심리사회적 위험은 산업 안전과 직업 건강에 있어서 중요한 현대적 과제 중 하나이며 직무스트레스, 직장 폭력, 괴롭힘과 따돌림 등 작업장 내 문제들과 연결되며 '삶과 근로조건의 개선을 위한 보고서'에 의하면 직무스트레스는 유럽 전역에서 4,000만명 이상의 개인에게 주요한 질병의 원인으로 보고되고 있습니다. ◆

늘어나는 직무 스트레스를 줄이기 위해 경영자는 무엇을 해야 할까요? 구성원들이 느끼는 스트레스 수준 및 유형(직무/개인)을 주기적으로 파악하는 것이 우선입니다. "측정할 수 없으면 관리할 수 없

◆ '안전보건 이슈리포트', 안전보건공단, 2017

다."는 피터 드러커의 말처럼 별도의 설문조사가 아니더라도 기존에 실시하는 구성원 의견 조사에 '스트레스'에 관한 항목을 추가할 수도 있습니다.

스트레스의 원인에 따라 다양한 해결방안이 나올 수 있겠지만, 기본적인 방향은 과도한 경쟁으로 인한 불필요한 긴장감을 낮추고, 일하는 시간이나 방법을 개선하여 개인이나 조직 모두에게 활력이 넘쳐나야 합니다. 즉, 긴장-정체-수축된 조직 분위기를 이완-순환-활력으로 전환해야 합니다.

'연결되지 않을 권리(Right To Disconnect)'
2017년 1월부터 프랑스의 근로계약법은 회사가 업무시간 외에 이메일을 보내거나 받지 않을 권리를 두고 구성원들과 협상하고, 이를 문서로 명시하도록 했다.

4대보험료에 숨겨진 의미

◆

저자가 신입사원 시절 처음으로 맡은 업무는 4대보험이었습니다. 당시에는 중요치 않고 귀찮은 업무라는 이유로 언제나 신입사원의 몫이었던 것 같습니다. 20여 년이 흐른 지금, 4대보험에 대한 국민적인 관심이 점점 높아지고 있음을 체감합니다. 노무법인에 걸려오는 전화 문의 중 상당수가 "어떻게 하면 실업급여를 받을 수 있나요?"와 같은 4대보험에 관한 질문입니다.

사람들이 4대보험에 관심을 보이기 시작한 이유 중 하나는 인력의 고령화 현상과 무관하지 않습니다. 이전에는 준조세(準組稅)라며 원망의 대상이었던 국민연금을 실제로 받는 사람들이 늘어나자, 본인의 국민연금 예상 수령 금액을 조회하는 사람들이 많아졌습니다. 또한 고령자가 늘어나면서 건강보험에 대한 의존도가 자연스럽게 높아지고 있습니다. 이처럼 4대보험의 혜택이 늘어나는 만큼 보험료 인상은 피할 수 없는 현실이 되고 있습니다. 현재 급여에서 차지하는 4대보험료(노사 합산)는 약 20%◆ 수준이나, 앞으로는 30%까지 높아질 것으로 조심스럽게 예상해 봅니다.

그렇다면, 본인의 월급에서 매달 공제되는 4대보험료가 얼마인지 아십니까?

"이번 달에는 4대보험료가 왜 이렇게 많이 공제되었지?"라는 말

◆ 국민연금 9%, 건강보험 6.67%, 고용보험 2.05%(150인 이상), 산재보험료 1.56%(2020년 평균값)

을 자주 듣습니다. 그러나 우리나라에서 4대보험료를 모두 공제하는 노동자는 없습니다. 보험료를 부담하는 유형은 크게 세 가지 유형(3개 부담, 2개 부담, 1개 부담)으로 나뉩니다.

1. 3개 보험료를 부담하는 자

보통의 노동자는 고용보험, 국민연금, 건강보험 등 3개 보험료만 부담합니다. 산재보험료는 사업주의 몫이기 때문입니다. 이 중에서 국민연금과 건강보험은 사업주와 노동자가 50%씩 부담하지만, 고용보험은 '실업급여'에서만 50%씩 부담하고 고용안정과 직업능력개발사업은 사업주가 100% 부담합니다.

| 4대보험료 부담 구조 |

구분	국민연금	건강보험	고용보험	산재보험	비고
사업주	50%	50%	실업급여 50% 고용안정 100% 직업능력개발 100%	100%	
노동자	50%	50%	실업급여 50%		

이와 같이 노동자의 노후 준비(국민연금), 건강 관리(건강보험)에 대해서는 회사와 개별 노동자가 함께 책임을 져야 합니다. 그러나 노동자에게 안전하고 쾌적한 근로환경을 제공(산재보험)하거나 노동자의 고용 안정과 직업능력 향상을 위한 교육(고용보험)에 대해서는 전적으로 사업주에게 의무를 부여하고 있습니다. 정부가 사업주

에게 4대보험 가입을 법적으로 강제하는 이유는 사업주가 노동자에 대한 책임을 소홀히 하여 발생하는 사고에 대한 안전장치를 마련하는 것으로 볼 수 있습니다.

한편, 국민연금, 건강보험은 기업별로 보험료율의 차이가 없지만, 고용보험은 기업규모에 따라서, 산재보험은 개별 사업장의 사고 발생률에 따라서 보험료가 증감될 수 있습니다. 다만, 2018년부터 시행되고 있는 출퇴근 재해의 경우는 사용자의 관리 범위에서 벗어나 있기에 모든 회사가 동일한 보험료율을 적용받고 있습니다. 또한 최근에 실업급여 기준금액 및 수급자가 늘어나자, 2019년 10월부터 고용보험료율(실업급여)이 기존 1.3%에서 1.6%(노사 각각 0.8%)로 인상되었습니다.

주변에서 개인사정으로 퇴사하는 사람들이 회사에 사정을 해서 실업급여를 받는 경우를 종종 볼 수가 있습니다. "남들이 능력껏(?) 실업급여를 받는 것이 나랑 무슨 관계가 있나?라고 생각할 수도 있지만, 실업급여는 정해진 고용보험기금 내에서 운영되기에 실업급여 수급자가 늘어나면, 그만큼 노동자와 사업주가 부담해야 하는 고용보험료가 인상될 수 밖에 없습니다. 따라서 출퇴근 재해나 실업급여 등은 개별 기업이나 노동자별로 다뤄야 할 문제가 아니라 국가 사회적 차원에서 공동체적 관점으로서 접근해야 합니다.

2. 2개 보험료를 부담하는 자

자영업자는 국민연금과 건강보험 2개 보험에만 가입합니다. 최근

소규모 사업장의 자영업자가 산재보험, 고용보험에 가입할 수 있도록 임의 가입범위를 확대하였지만, 아직까지 가입자가 많지 않습니다. 자영업자는 급여에서 보험료를 얼마나 공제하는지가 중요하지 않습니다. 어차피, 자영업자는 사업주 부담분과 노동자 부담분을 모두 본인이 부담하기 때문입니다. 편의점이나 빵집 사장님은 사업주이면서 스스로 고용된 노동자인 셈이지요. 그러나, 함께 일하는 노동자들의 4대보험료를 절반 이상을 부담하는 자영업자에게 본인의 '노동자 부담분'까지 납부하라고 하는 것은 다소 무리한 것이 아닌가라는 생각이 듭니다.

3. 1개 보험료만 부담하는 자

대리운전기사, 건설기계운전자 등 특수형태종사자는 본인이 희망하는 경우에 한해서 산재보험에만 가입할 수 있습니다. 보험료는 사용 사업주와 본인이 각각 50%씩 부담합니다. 일반 노동자의 산재보험료를 사업주가 100% 부담하는 것에 견주어 보면, 특수형태종사자는 반노 반사(半勞 半使) 성격을 띠고 있는 것을 다시 한번 확인할 수 있습니다.

회사는 왜 사무직의 희생을 강요하는가?

◆

저의 어린 시절 장래희망은 '회사원'이었습니다. 시골 동네에서 유년시절을 보냈기에 주위 어른들의 직업은 농업, 어업 등 1차산업이었습니다. 소년의 눈에 비친 TV 속 샐러리맨은 깨끗하고 세련된 이미지였기에 회사원이 된다는 것이 곧 인생의 성공이라고 생각했던 것 같습니다. 그러나 학교를 졸업하고 뜻한 대로 사무직 회사원이 되었지만, 그 뿌듯함은 그리 오래가지 못했습니다. 기능직에 비해 초봉이 조금 더 높았지만, 유효기간이 그리 길지 않았습니다. 반면에 기능직은 노동조합을 중심으로 연대하여 지속적인 임금인상과 정년을 보장받는 경우가 더 많습니다. 이 때문에 사무직에서 기능직으로 전환을 희망하는 경우도 적지 않습니다.

이처럼 사무직이 홀대받는 이유는 무엇일까요? 이는 지식 정보의 확대, 경직적인 임금체계, 경영자와 연대 의식 등 때문입니다.

1. 지식 정보의 확대

농경사회에서 지식에 대한 학습은 인생의 즐거움 차원에서 논의되었습니다. 논어의 학이편에 공자가 설파한 "학이시습지(學而時習之)면 불역열호(不亦說乎)" 배우고 그것을 때때로 익히면 기쁘지 않겠는가라는 말에서 알 수 있듯이 지식은 즐거움의 대상이었지요.

그러나 우리가 살아가는 현대사회는 '지식의 반감기'라고 합니다. 학교에서 배운 내용 중 일터에서 활용할 수 있는 것이 많지 않고, 지난해에 익힌 새로운 지식도 올해에 맞지 않는 것이 될 수도 있고, 시간이 더 지나면 결국 아무 쓸모가 없어집니다. 앨빈 토플러는 '부의 미래(Revolutionary Wealth)'라는 책에서 불필요한(Obsolete) 지식

(Knowledge)을 의미하는 Obsoledge(Obsolete+Knowledge)라는 새로운 개념을 제시하면서 기존 지식이 급속도로 불필요하고 무용해지는 미래 사회가 도래한다고 주장하였습니다.

이러한 변화가 현실로 다가오면서 '학이시습지'를 외웠던 사무직, 인문계에 먼저 영향을 미쳤습니다. 사무직도 역량을 개발하여 전문 분야를 확장한다면 경쟁력을 가질 수 있겠지만, '일반 사무'만 담당하는 경우에는 보다 저렴한 인력으로 대체될 가능성이 커졌습니다.

2. 경직적인 직급·임금체계

우리나라의 임금체계를 연공급, 성과연봉제 등 다양하게 부르고 있지만, 저자는 '직급급'이 어울린다고 생각합니다. 그 이유는 사원으로 입사하여 3~4년마다 승진을 하게 되고 해당 직급을 기준으로 임금이 책정되기 때문입니다. '직급＝임금'으로 간주해도 무리가 없을 것입니다. 연차가 늘어남에 따라 부장까지는 승진할 수 있는데 그 다음이 문제입니다. 기술직은 임원 승진이나 관계사 근무 등 다양한 경력 경로가 있고, 기능직은 직급과 무관하게 근무하는 경우가 많지만, 입사 초기 승승장구하던 사무직은 40대 후반 이후에는 설 자리가 마땅치 않습니다.

3. 경영자와 연대 의식

사무직 중 중간관리자 이상은 경영자 입장에서 일하는 경우가 많습니다. 노동법상 사용자의 범위에 포함되기도 합니다. 이들은 노동자이지만, 사용자로서 일하다 보니 누구보다 회사의 입장을 잘 이해합니다. 설사 본인이 회사로부터 불이익을 당하는 경우가 발생하더라도 개인차원의 문제로 치부하고, 이의 제기하는 경우는 흔치 않습니다.

이와 같은 이유로 중소기업뿐만 아니라 대기업에서도 사무직에 대해 상시적으로 인적 구조조정을 하는 경우가 자주 발생합니다. 그러나 이제는 사무직 노동자들도 생각이 조금씩 달라지고 있습니다. 고용안정과 인사평가제도 개선을 요구하면서 노동조합을 결성하는 곳이 점차 늘어나고 있습니다.

과거보다 수명이 늘어남에 따라 경제 활동 기간도 늘어날 수밖에 없습니다. '인생은 이모작이다'라는 생각으로 준비 없이 낯선 분야에 뛰어들다가는 '임금은 반타작'될 가능성이 큽니다. 변화는 필요하지만 본인의 주된 업종 및 직종을 중심으로 영역을 넓혀가는 것이 바람직합니다. 현재 사무직 노동자가 '고직급 → 고임금 → 위로금 → 조기 퇴사' 전철을 20년간 거쳐왔다면 이제는 '직급/임금 조정 → 경력개발 → 정년퇴직'으로 30년간 일할 수 있는 여건을 만들어야 합니다.

1：29：300의 법칙

◆

사회의 성숙도를 측정하는 여러 가지 지표 중에 '안전'을 빼놓을 수 없습니다. 과거에는 일터에서 산업재해에 대한 관심이 높았으나, 이제는 예방적 차원의 '산업안전'으로 무게 중심이 서서히 옮겨가고 있습니다. 이에 맞춰 최근 산업안전보건법이 개정되었는데, 보호 대상자 및 범위는 넓어지고, 적용 기준은 높아진 것이 특징입니다. 산업안전에서 널리 통용되고 있는 하인리히 법칙(Heinrich's Law)◆ 이 있습니다.

인사노무관리에서 임금체불, 해고, 노사분규 등의 사고에서도 하

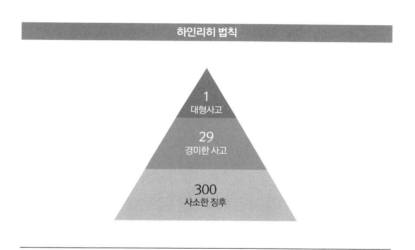

인리히 법칙이 적용될 수 있습니다. 어떤 구성원이 고용노동부나 노동위원회에 민원을 제기하면 회사에서는 해당 사건을 처리하는

◆ 1: 29: 300의 법칙이라고도 한다. 어떤 대형 사고가 발생하기 전에는 그와 관련된 수십 차례의 경미한 사고와 수백 번의 징후들이 반드시 나타난다는 것을 뜻하는 통계적 법칙이다.

것에만 급급한 경우가 많습니다. 민원 제기 건수는 1건이지만, 회사 내에서 유사한 불만을 가지고 있는 구성원이 수십 명이 더 있을 수 있고, 관련된 문제가 수백 건이 넘을 수도 있습니다. 회사의 인사방침에 불만이 있더라도 이를 외부기관에 알리는 것은 쉬운 일이 아니기 때문입니다. 부당함을 느끼지만 여러 가지 사정으로 인해 이를 감내하는 구성원이 훨씬 많습니다.

"인지하지 못했다고 존재하지 않는 것이 아니다!"

그렇다면, 회사는 민원 제기 가능성이 있는 잠재적인 구성원만 관리하면 될까요? 답변은 '아니다'입니다. 이들이 퇴사하면 이들을 대체하는 새로운 구성원이 나타나기 때문입니다. 해결 대상은 사람이 아니라 근로조건, 조직문화, 내부 관행이기에 여기에 초점을 맞춰야 합니다. 문제 해결기법으로 자주 사용하는 Root Cause Analysis를 통해 근본적인 원인을 찾는데 도움을 얻을 수 있습니다.

평소에 '인사가 만사다'라고 이야기는 경영자가 많지만, 인사에 대한 투자나 노력을 기울이지 않는 경우가 많습니다. 문제(사고)가 생기면 그때그때마다 임시방편식으로 문제를 해결하는 데 급급하고 이에 대한 근본적인 원인은 외면하는 경영자가 적지 않습니다. 이와 같이 표면적 치유에 머무르는 이유는 과도한 속도 경쟁 등 성과 제일주의가 원인입니다. 조직 내 모든 구성원은 눈에 보이는 목표를 향해 나아가야 할 것입니다. 그러나 경영자는 눈에 보이지 않는 것을 볼 수 있는 혜안이 필요합니다.

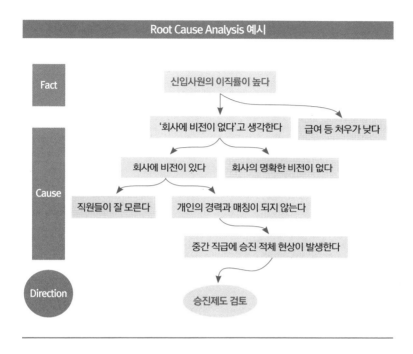

"경영자는 눈에 보이지 않는 두 가지를 볼 수 있어야 한다.
하나는 Vision이고 나머지 하나는 Risk다."

제4장

대조적 개념을
통한 균형 맞추기

경영자와 구성원이 바라보는

노동법은 최저 기준이다 vs 노동법은 최후 수단이다

◆

경영자에게 노동법은 최저 기준이다

노동법을 위반하지 않는 회사의 노사관계는 모두 원만할까요? 그렇지 않습니다. 노동법은 최소한의 기준을 정한 것이므로, 노동법 기준에 맞춰 경영을 한다는 것은 겨우 과락을 넘는 성적표를 받는 것입니다. 그러므로 준법 경영 = 상생 경영은 아닌 것입니다.

　최저임금도 같은 맥락입니다. 구조적으로 최저임금도 지급하기 어려운 사업장이 있겠지만, 지급 여력이 있어도 최저임금에 맞춰 지급하는 회사도 있습니다. 이는 법 위반은 아니지만, 최저임금을 받는 노동자는 '최저 품질의 노동'을 제공할 가능성이 큽니다. 노동법 위반이 만연한 사회 분위기에서 노동법을 잘 지키는 회사가 돋보이는 것이 이상한 현상은 아닙니다. 그러나 우리 사회가 지향하는 목표점이 '최저'가 아니라면 노동법을 지키는 것은 자랑거리가 아니라 당연한 것으로 여기도록 눈높이를 조정할 필요가 있습니다.

노동자에게 노동법은 최후 수단이다

인터넷을 통해 법률 정보가 확산되면서 노동자의 권리의식이 이전보다 높아졌습니다. 고용노동부와 노동위원회에 민원을 제기하는 노동자가 점차 늘어나고 있습니다. 과거에는 주로 임금 및 퇴직금 등 '임금총액'의 체불에 대한 비중이 높았다면, 최근에서는 주휴수당, 연장근로수당 등 '수당항목' 진정으로 세분화되고 균열일터로 인해 근로자인지 여부를 다투는 사건이 증가되었습니다. 분쟁의 내용이 이전보다 복잡·다양해진 것입니다.

고용노동부 등 노동행정기관의 문턱이 낮아진 것은 노동자 보호 차원에서 긍정적인 현상이나, 노사문제는 당사자간 직접 해결하는 것이 우선입니다. 자체적인 해결이 어려운 경우에만 외부 행정기관의 도움을 받는 것이 바람직합니다. 그러나 노동자가 임금을 지급받지 못한 경우 회사에 지급 요청을 하지도 않은 채 곧바로 고용노동부로 달려가는 경우도 많습니다. 경영자에게 얘기하기가 부담스러워 그런 경우도 있겠지만, 경영자에게 위협적으로 보이고자 행정기관을 통하는 경우도 적지 않은 것 같더군요. 노동행정 서비스는 공공재적 성격이 있기에 전체 노동자의 권리 구제를 위해서 효율적으로 사용되어야 합니다.

고용노동부에서 해결되지 못하면 민사소송을 제기할 수 있습니다. 예전에는 퇴사 후에 소송을 제기하는 것이 일반적이나, 요즘은 재직 중에 경영자를 상대로 소송을 제기하는 경우가 적지 않습니다. 경영자도 이에 질세라 손해배상, 부당이득 반환, 업무방해를 이유로 재직 중인 노동자에게 소송을 제기합니다. 소송을 통해 갈등이 봉합되는 경우도 있지만, 서로에 대한 마음의 상처는 치유하기가 어렵습니다. 문제 해결 과정에서 이해관계자 수가 늘어날수록 분쟁 기간이 길어질수록 당사자가 치러야 할 비용이 늘어날 수밖에 없습니다. 노동법에서 명시하고 있는 내용을 실현하는 것은 노동자의 당연한 권리입니다. 그러나 목적에 부합하는 적절한 실행 수단을 선택해야 합니다. 외부의 제삼자에게 알리기 전에 상대방과 충

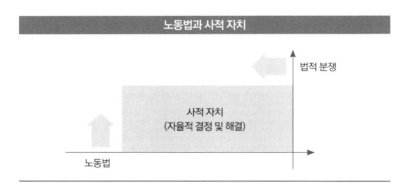

노동법과 사적 자치

법적 분쟁

사적 자치
(자율적 결정 및 해결)

노동법

🗨 균형 맞추기

구성원 노동법은 최후수단이므로 당사자간 해결을 우선합니다.

경영자 노동법은 최저기준이지 적정기준은 아닙니다.

분히 얘기하였는지에 대해 다시 생각해 볼 필요가 있습니다. 벼룩을 잡으려고 도끼 날을 갈 필요가 있을까요?

괜찮은 일자리가 없다는 구직자 vs 쓸만한 사람이 없다는 사장

◆

청년실업 문제가 주요한 사회적 이슈입니다. 청년들은 "일자리를 구하기가 어렵다"라고 합니다. 반면에 중소기업 대표자들은 "요즘 사람을 구하기가 어렵다"라고 합니다. 언뜻 보면 상반된 주장인 것 같지만, 이는 수식어가 빠져있기 때문입니다. 청년들이 바라는 일자리는 고용안정이 보장되고 높은 임금을 지급받는 괜찮은(Decent) 일자리를 말하며, 중소기업에서 찾는 사람은 업무능력과 열정이 넘치는 쓸만한(Excellent) 인재를 뜻합니다. 일을 바라보는 노사 간 눈높이가 다른 것입니다. 이와 같은 노동시장의 미스매치(Mismatch)는 오래전부터 나타나고 있는 현상이지만, 최근에 급격한 사회·경제적 변화로 인해 가속화되고 있습니다.

노동자의 시각에서

1) 행운은 오래 지속되기가 어렵습니다.

노동시장에서 경제적 주체로서 구직자는 최소 노력으로 최대한의 이익을 얻으려고 합니다. 누구나 선호하는 직장은 한정되어 있기에 뛰어난 실력을 갖춘 인재에게만 입사가 허용됩니다. 그러나 주변에서 본인의 능력에 비해 좋은 직장에 취업한 경우도 적지 않습니다. 이들 중에는 남들이 모르는 숨은 능력을 갖춘 경우도 있지만, 검증 시스템의 한계로 인해 운 좋게 입사한 경우도 있습니다. 이들은 일을 하면 할수록 동료와 격차가 벌어지고, 일정 시점 이후에는 더 이상 적응하기 어려워 퇴사를 선택하게 됩니다. 이렇게 되면 중고 신입으로 재취업하기도 어려울 수 있습니다.

따라서, 누구나 선호하는 직장을 쫓기보다는 자신의 현재 위치를 되돌아보고, 본인이 감당할 수 있는 범위 내에서 '실력 = 일자리'가 일치될 수 있도록 하는 것 바람직합니다.

"행운은 오래 지속되기 어렵고, 보상은 장기적으로
개인의 실력에 수렴하게 된다."

2) 탐색기간을 정해야 합니다.

학교를 졸업하고 어떤 회사에서 일을 시작했는지에 따라서 이후 개인의 경력에 미치는 영향이 막대합니다. 그만큼 첫 직장의 선택이 중요하다는 뜻입니다. 직장을 잘 선택하기 하기 위해서는 탐색기간이 필요합니다. 저자는 수백 개 기업에 대한 컨설팅과 자문을 하면서 일반인에게 잘 알려지지 않은 일하기 좋은 회사가 생각보다 많다는 사실을 알게 되었습니다. 탐색기간이나 준비기간이 충분할수록 더 좋은 일자리를 구할 가능성이 커집니다. 그러나 탐색기간이 너무 길어지면, 본 게임에 들어가기도 전에 힘이 빠질 수 있습니다. 주변에서 수년간 고시나 공무원 시험공부를 하는 사람들도 적지 않습니다. 오랜 준비기간 끝에 원하는 회사에 입사하더라도 일할 수 있는 절대적인 시간이 부족하거나 공감 능력이 떨어져서 적응하는 데 어려움을 겪을 수 있습니다.

경영자의 시각에서

인력난을 겪고 있는 중소기업은 인력을 채용하는 것도 어렵지만 힘들게 채용한 입사자가 오래지 않아 퇴사하는, 이직률이 높은 것 또한 문제입니다. 입사 후 3~4년이 지나 어느 정도 일할만큼 성장하면 중견기업이나 대기업으로 이직으로 하는 경우가 적지 않습니다. 제 몫을 해내는 청년들이 회사에 오랫동안 머무르게 하기 위해서 특별한 노력이 필요합니다.

1) 비금전적인 보상을 강화해야 합니다.

자금 여력이 상대적으로 부족한 중소기업에서 대기업 수준의 임금을 지급하는 것은 쉽지 않습니다. 그러나 경영자가 해줄 수 있는 것이 임금만 있는 것은 아닙니다. 임금 등 직접적인 보상 이외에 비금전적인(간접) 보상이 더 중요할 수 있습니다.

예를 들어 출퇴근 거리가 멀어서 어려움을 느끼는 구성원에게 다음과 같은 옵션을 제공해 줄 수 있습니다.

소규모 제조업 중에는 물리적인 근무환경이 열악한 곳이 많습니

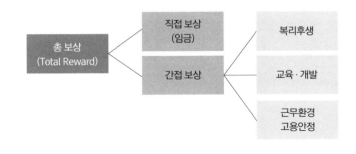

〈옵션〉

• 교통비 지원   • 차량 지원   • 쾌적한 숙소 제공   • 출퇴근 시간 조정

다. 공장을 카페처럼 만들 수는 없지만, 구성원들이 쉴 수 있는 작은 공간을 만드는 것은 크게 어렵지 않을 것입니다. 깨끗하고 청결한 작업환경은 산업안전과도 직결됩니다.

2) 조직 내에서 성장 가능성을 제시해야 합니다.

구성원의 퇴사 사유로 자주 등장하는 것 중의 하나가 "우리 회사는 비전이 없다."라는 것입니다. 정확히는 "우리 회사에서 내 비전을 펼칠 가능성이 적다."라는 의미일 것입니다. 회사에서 더 이상 보고 배울 것이 없기 때문에 윗사람의 전철을 밟지 않고 다른 곳을 알아보겠다는 뜻입니다. 대기업에 비해 중소기업의 사업영역이 한정되어 있지만, 그렇다고 기술력이나 업무의 질이 반드시 낮은 것은 아닙니다. 입사한 지 2~3년이 넘은 구성원에게 단순 반복적인 업무만 시키기보다는 도전적인 업무를 부여하여 업무를 바라보는 시각을 높여줘야 합니다. 중소기업은 구성원 수가 많지 않아서 업무의 처음부터 끝까지 접해볼 수 있는 기회가 많습니다. 업무의 완결성이 높은 편이지요. 구성원들에게 도전과 성취감을 맛볼 수 있는 여건을 만들어 줘서 "나도 우리 회사에서 열심히 일하면 언젠가는 회사에서 인정받는 리더가 될 수 있겠다"라는 믿음을 심어주는 것이 중요합니다.

📢 균형 맞추기

구성원
- 자신의 능력이나 실력에 맞는 일자리를 목표로 해야 합니다.
- 구직 탐색기간이 너무 길지 않아야 합니다.

경영자
- 비금전적인 보상을 강화해야 합니다.
- 조직 내에서 성장 가능성을 제시해야 합니다.

일한 만큼만 주겠다는 사장 vs
받은 만큼만 일하겠다는 노동자

◆

경영자의 시각

경기도 평택에 소재한 자동차 부품을 만드는 M사의 대표자와 면담을 한 적이 있습니다. M사는 매년 초 연봉을 결정하는데, 올해는 7월에 연봉을 재조정하겠다고 하더군요. 그 이유는 연봉 금액에 주 50시간(소정근로 40시간 + 연장근로 10시간)을 포함하여 책정하였는데 6시 넘어서 회사에 남아있는 구성원을 찾아보기가 어렵다는 것입니다. 대표자는 이렇게 하소연합니다.

"이제는 내가 따라다니면서 잔소리하는 것도 지쳤고, 그냥 일한 만큼만 월급을 지급하겠다."

노동자의 시각
얼마 전 C사의 인사담당자가 지각을 자주하는 구성원과 면담한 내용을 들려주었습니다.

인사담당자: "J님~ 앞으로는 출근 시각에 늦지 않도록 신경 좀 써주세요."
J: "제가 지각을 한 건 맞지만, 이로 인해 회사 일에 차질이 발생한 적이 있나요? 저는 충분히 잘하고 있으니 앞으로 이런 일로 뭐라 하지 마세요!! 연봉도 얼마 되지 않은데 말이죠."

J의 말은 월급 받은 만큼은 충분히 일하고 있으니, 추가적인 노력을 요구하지 말라는 의미로 해석됩니다.

위 두 가지 사례는 사용자와 노동자 간 현격한 시각 차이를 보여줍니다. 근로계약은 노동자의 근로 제공에 대한 대가로 임금을 지급하는 교환관계라고 요약할 수 있습니다.

근로계약의 구조

노동자 ← 근로제공 / 임금 지급 → 사용자

사업주 입장에서는 노동자가 일한 만큼만 임금을 지급하겠다고 생각하고, 노동자는 임금을 받은 만큼만 일하겠다고 생각할 수 있습니다. 이와 같은 생각은 노사 모두가 손실을 회피하고자 하는 심리가 깔려있는 합리적인 의사결정 방식입니다. 그러나, 임금은 숫자로 명확히 표현 가능하나, 노동의 범위는 정하기가 어려워 노사 간 해석의 여지가 발생할 수 있습니다. 특히 정신노동의 경우는 노동의 양과 질을 측정하기 곤란한 경우가 많습니다.

이와 같은 상황에서 경영자와 구성원은 일의 내용에 대해 주관적으로 판단할 가능성이 큽니다. 또한 '~만큼만'이라는 보수적인 시각으로 인해 경영자는 구성원이 일한 것보다 적게 임금을 지급할 가능성이 크고, 구성원은 받은 임금보다 적게 일할 가능성이 커집니다. '상대방의 행동 → 나의 (보수적) 평가 → 나의 (소극적) 행동 → 상대방의 (보수적) 평가'로 이어지는 악순환이 반복될 수밖에 없고 이러한 관계는 결국 새드 엔딩(Sad ending)이 됩니다.

그렇다면 이러한 연결고리를 어떻게 깨뜨릴 수 있을까요? 먼저 나의 시각 전환이 필요합니다. '상대방의 행동 → 나의 (중립적) 평가 → 나의 (중립적) 행동 → 상대방 행동의 변화'로 바뀔 수 있습니다. 여기서 상황을 반전시킬 수 있는 나의 (중립적) 평가 단계가 중요합니다. '중립적 평가'란 교환관계에서 내가 10~20% 정도 손해 본다는 생각이 들더라도 1~2번은 봐준다는 생각을 갖는 것입니다. 이후에도 불공정한 상황이 계속된다면, 자신의 생각이나 입장에 대해서 솔직하게 얘기할 필요가 있습니다.

물론, 한두 번의 시도로 변하지 않을 수도 있고, 영원히 바꾸지 않는 상대도 있을 수 있습니다. 그러나 대다수 사람들은 합리적이고 호혜적인 관계를 원한다는 것이 공동체 사회를 지탱하게 하는 기본적인 믿음입니다. 나의 '보수적 시각'을 '중립적 시각'으로 바꿀 수만 있다면, 장기적으로 서로에게 이익이 되는 균형점을 찾을 수 있습니다.

💬 균형 맞추기

구성원 임금을 받은 만큼만 일하겠다.
➡ 임금을 받은 만큼은 일하겠다.

경영자 구성원이 일한 만큼만 임금을 지급하겠다.
➡ 구성원이 일한 만큼은 임금을 지급하겠다.

"고용주는 리더로서 마땅히 다른 회사보다 보수를 더 넉넉히 주고 싶다는 포부가 있어야 하고, 구성원들은 이것을 가능하게 만들겠다는 포부가 있어야 한다."
- '경쟁의 배신' 중에서

젊어서 고생은 사서도 한다 vs
보람은 됐고, 야근수당이나 달라

◆

배움을 원하는가? 수당을 원하는가?

구성원이 야간시간(오후 10시부터 오전 6시까지)에 일하는 경우에는
야간근로수당 1.5배를 지급해야 합니다. 그러나, 수습을 설정하거나
도제(徒弟)식으로 기술을 알려주는 곳에서는 야근수당은 말할 것
도 없고 기본급도 제대로 주지 않는 곳이 많습니다. 가까운 예로, 노
무사 시험에 합격하면 노무사 사무실에서 몇 개월 간의 실무수습을
거쳐야 합니다. 해당 기간에 보조적이긴 하지만, 일을 수행하므로
임금을 지급해야 합니다. 그러나 현실에서는 최저임금에 미치지 못
하는 금액을 지급하는 곳도 적지 않습니다.

이번에 대학을 갓 졸업한 B는 이와 같은 관행이 부당하다며, 선
배 노무사에게 컴플레인을 제기하였습니다. 선배 노무사는 "신입에
게 일을 가르쳐주는데, 수당까지 줘야 하냐?"라고 하며, 싫으면 다
른 곳을 알아보라고 하네요. 한편, 40세가 넘어 뒤늦게 시험에 합격
한 C는 수당은 필요가 없으니, 일할 기회만 달라고 합니다.

B와 C가 다른 선택을 하는 이유는 무엇일까요?

B는 수습기간을 '노동'에 포커스를 맞췄고, C는 '배움'에 비중을 두
었기 때문입니다. 우리는 일을 하는 과정에서 '배움과 노동'을 함께
접하게 됩니다. 그러나, 이들의 비중은 일률적이지 않고, 저마다 주어
진 상황에 따라서 경중이 달라질 수 있습니다. 몇 년이 흐른 후 B는

기업 인사담당자로 취업을 하였고, C는 노무사 사무실을 개업하였습니다. 제가 시험에 합격했을 무렵 어느 선배 노무사로부터 "수습은 월급을 많이 주는 곳보다 일을 많이 배울 수 있는 곳을 택해야 한다"라는 말을 들었는데, 이 말은 어떤 이에게는 의미가 있고 다른 이에게는 노동을 착취하겠다는 의미로 밖에 들리지 않을 수도 있습니다.

젊어서 고생은 사서도 한다 vs 보람은 됐고, 야간근로수당이나 달라

전자는 기성세대가 흔히 하는 말이고, 후자는 청년들의 시각이라고 생각하는 게 일반적입니다. 보다 정확히는 일에 대한 확신이 있는지 여부와 하는 일의 성격에 따라 입장이 달라질 수 있습니다. 본인 스스로 평생 직업이라는 확신이 있다면 누가 시키지 않아도 적극적으로 다가서게 됩니다. 반면에, 앞으로 이 일을 계속해야 할지 모르겠고, 단순 반복적인 업무를 하는 경우에는 정당한 대가를 받는 것이 보다 중요할 수 있습니다.

저도 처음부터 노무사가 될 생각은 없었습니다. 평범하게 직장생활을 하다가 우여곡절 끝에 노무사가 되었습니다. 개중에는 청년시절부터 본인의 진로를 확실히 정하고 해당분야에서 매진하는 경우도 있지만, 살아가면서 조금씩 바뀌는 경우도 적지 않습니다.

젊은 시절에 경험한 고생이 약이 되는지, 그냥 고생으로 끝나는지 여부는 시간이 지나 봐야 알 수가 있습니다. 불확실한 미래를 담보로 청년들에게 현재의 손실을 감수하라고 옥박지르는 것은 더 이상 유효하지 않습니다. 경영자가 구성원에게 비전을 제시하고, 경력

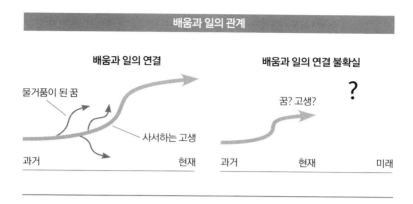

배움과 일의 관계

배움과 일의 연결

물거품이 된 꿈

사서하는 고생

과거　　　　　　　현재

배움과 일의 연결 불확실

꿈? 고생?

?

과거　　　　현재　　　　미래

개발을 지원해 줄 수 있다면 어느 정도 고생을 요구할 수 있습니다. 그러나, 조직 내에서 각자도생만을 강조하는 경영자에게는 야근수당 청구만 늘어날 것입니다.

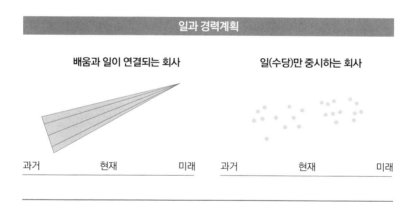

일과 경력계획

배움과 일이 연결되는 회사

과거　　　　현재　　　　미래

일(수당)만 중시하는 회사

과거　　　　현재　　　　미래

살아있는 경험의 가치

제가 주로 하고 있는 일은 기업의 법률 자문과 노동자의 노동사건

대리입니다. 이중 기업 자문보다 노동사건을 수행하는 것이 훨씬 힘이 듭니다. 그 이유는 진행방향을 예측하기가 어렵고, 밤잠을 이루지 못할 정도로 감정이 소진되는 경우가 잦기 때문입니다. 어떤 경우에는 마음고생만 실컷 하고, 수임료도 못(안) 받는 경우도 있습니다.

조금은 힘들지만, 제가 노동사건을 계속 맡는 이유는 일을 통해서 얻는 경험이 소중한 자산이 되기 때문입니다. 여러 사건을 진행하다 보면 처음에는 비슷한 유형처럼 보이지만, 자세히 파고들수록 저마다의 다양한 속사정이 있습니다. 하나의 사건이 끝나면 꼭 하나 이상을 배우게 됩니다. 회사 입장에 설 때는 세밀한 노무관리의 중요성을, 노동자를 대리할 때는 인간관계의 중요성을 느낀 적이 많습니다. 이러한 사건을 통해 얻은 메시지는 향후 업무 처리의 지침이 되기도 하고, 넓게는 인생을 살아는 데 방향키가 되기도 합니다.

"누구나 쉽게 Text를 접할 수 있는 시대에 스토리가 있는 '나만의 경험'을 만들어 보는 것은 어떨까요?"

라곰 노동법

수습기간 vs 인턴기간

◆

기업에서 구성원을 채용할 때 가장 먼저 고려해야 할 사항은 고용형태입니다. 이는 가장 중요한 근로조건이기에 이에 대한 분쟁이 자주 발생합니다. 2019년 1월 D건설사에서 일했던 노동자가 부당해고 구제신청을 하였습니다. 저는 회사측을 대리하였는데, 본 사건의 쟁점은 일용직인지, 기간제 근로자인지 여부였습니다.

　당사자간 근로계약서를 작성하였지만 계약기간을 정하지 않은 채, 최초 입사일만 표시하고 6개월을 일하던 중 어느 날 갑자기 근로관계가 종료되었습니다. 해당 노동자는 "해당 공정이 종료할 때까지 일할 권리가 있는 기간제 근로자다."라고 주장하고, 회사는 일용 근로계약을 체결하였기에 일용근로자라고 맞서는 상황이었지요. 노동위원회는 어느 한쪽의 손을 쉽게 들어주기가 어려운 상황이었고, 결국 서로가 눈높이를 낮춰서 화해하는 것으로 마무리하였습니다.

　이처럼 고용형태와 관련한 분쟁이 끊이지 않는 이유는 "우선, 일해보자."라는 식으로 불확실하게 접근하기 때문입니다. 사업의 복잡성으로 인해 한 치 앞을 내다보기가 어렵겠지만, 경영자는 구성원과 언제까지 함께할 것인지를 사전에 명확히 약속해야 합니다. 경영자가 입사자의 업무능력에 대한 확신이 없는 경우에는 일정기간 선택을 유보하는 옵션을 설정할 수 있습니다. 실무에서는 '수습', '인턴' 등으로 부르고 있는데, 이를 정확히 구분하여 사용해야 합니다.

수습이란?

'수습'이란 입사 이후 구성원의 업무능력 향상이나 직무능력 검증을 위해서 일정기간 동안 본 채용을 유보하는 것을 의미합니다. 6개월, 1년간의 수습기간을 인정한 판례도 있지만, 통상적으로 3개월로 정하는 경우가 일반적입니다. 기간 만료 후 정식 채용을 하지 않고 '수습 종료'하는 경우에는 이 또한 해고로 간주하므로, 경영자는 수습을 종료하는 정당한 사유를 당사자에게 서면으로 통보해야 합니다.

　얼마 전 B사의 인사담당자로부터 노동위원회에 부당해고 사건이 접수되었다는 연락을 받았습니다. B사는 반려견 업종으로 향후 전망이 밝아 보이지만, 당장은 수익이 나지 않는 상태였습니다. 마침 수습이 종료되는 구성원 K에게 현재 업무인 A에서 A 업무 50% + 새로운 B 업무 50%로 업무 조정을 제안하였습니다. 회사의 제안에 대한 K의 답변은 "그럼 월급은 2배로 올려주실 건가요?" 이에 인사 담당자는 그 자리에서 K에게 '수습 종료'를 통보하였고 이후 노동위원회로부터 부당해고라는 판정을 받았습니다.

수습하면 떠오르는 이미지가 "일단, 써 본다."입니다. 그러나 수습은 정규직 고용을 전제로 일시적인 검증과정을 거치는 것이므로 수습 종료는 해고이며, 경영자는 수습을 종료하는 이유를 명확히 입증할 책임이 있습니다. 위 사례와 같이 수습 이후 근로조건에 대한 협의과정에서 회사가 일방적으로 수습을 종료한다면 법률적 리스크를 부담해야 합니다.

"회사에서 일방적으로 수습 종료해 버리면 나중에 수습이 안된다."

인턴이란?

'인턴'하면 '앤 해서웨이'와 '로버트 드니로'가 주연한 영화가 먼저 떠오릅니다. 과거에는 재학생의 경험이나 수련의 목적으로 많이 사용하였는데, 최근에는 정부의 일자리 창출 정책 등의 영향으로 인해 채용과정에서 인턴을 사용하는 경우가 늘어나고 있습니다. 인턴은 법률적 용어가 아니므로 기업에는 인턴의 의미에 대하여 명확히 구분하여 사용할 필요가 있습니다.

이와 관련한 판례에서는 인턴의 의미를 두 가지로 구분하고 있습니다.

1. 기간제 근로자(체험형 인턴): 3개월(또는 6개월)로 계약기간이 종료되는 경우
2. 수습 근로자(채용형 인턴): 일정기간 이후 업무 적격성 평가를 통해 본 채용으로 전환되는 경우

일부 회사에서는 인턴이라 부르며 '일단 써 본 뒤 결정하자'라는 식으로 쉽게 사용하는 경우가 있습니다. 그러나, 채용형 인턴은 특별한 결격사유가 없으면 정규직으로 전환될 가능성이 높은 유형이므로, 인턴의 유형을 정확히 정한 이후에 채용절차를 진행해야 합니다.

수습이나 인턴과 관련하여 가장 빈번하게 발생하는 법적 분쟁은 '수습 평가'에 대한 내용입니다. 20~30분 동안의 면접을 통해 회사에 적합한 인재를 선발하는 것은 매우 어려운 일입니다. 더욱이 공공기관에서 블라인드(Blind) 채용을 실시하면서 지원자의 단편적인 인상에 따라 당락이 결정될 가능성을 배제할 수 없습니다.

그렇다면 적합한 인재(Right People)를 뽑기 위해 어떤 요소를 추가해야 할까요? 평가요소를 추가하는 것보다는 평가기간을 확대하는 것이 바람직합니다. 서류상 스펙이나 화려한 입담에 현혹되기보다는 일을 하는 과정에서 행동방식을 관찰하는 것이 적격자를 가리는데 도움이 됩니다. 최근 종합편성 채널에서 방영한 굿 피플(Good People)이라는 프로그램은 로펌에서 인턴을 선발하는 과정을 그리

고 있습니다. 개별 또는 팀별로 다양한 검증을 통해 정식 구성원을 선발합니다. 회를 거듭할수록 누가 실력이 있는지가 서서히 드러납니다. 시청자들뿐만 아니라 참여한 인턴들도 본인과 동료들의 업무 능력을 스스로 깨닫게 됩니다. 그러나 현실에서는 자의적인 판단으로 수습을 종료하는 법 위반 사례가 자주 나타나고 있습니다.

〈판결 개요〉

K씨의 경우 실기에서 합격 기준으로 설정한 60점을 넘었지만 회사 측은 '상대적 순위가 낮다'며 채용을 거부했다.

〈판결 요지〉

재판부는 K씨처럼 구직자가 채용 평가에서 합격 기준을 통과했음에도 **상대적으로 점수가 낮다는 이유로 채용을 거부하면 안된다**고 판단했다. 또한 "회사 담당자들이 한 인턴에 대한 막연하고 추상적인 평가를 그대로 채용 평가에 적용하기는 힘들다"며 "객관적 증거도 없이 낮은 점수를 부여한 것도 공정성이 결여된 것"이라고 했다.

💬 균형 맞추기

조율 1. 장기적인 관계는 '수습', 체험 목적인 경우는 '인턴'이 적합합니다.

조율 2. 수습은 절대적·객관적 기준으로 평가하고 그 기준을 대상자에게 미리 알려주는 것이 좋습니다.

조율 3. 평가는 정기적으로 실시하고, 수습 종료 시 그 사유를 서면으로 알려줘야 합니다.

주 40시간 근로 vs 주 52시간 근로

◆

2018년 7월부터 근로시간 단축 법령이 시행되면서 '1주 근로시간은 52시간'이라는 얘기를 자주 접하게 되었습니다. 언론에서도 '주 52시간'과 관련된 기사를 많이 쏟아내고 있기에 이제 '주 52시간'이라는 단어가 입에 붙어서 보통명사처럼 느껴집니다. 그러나 주 52시간으로 일반화하는 것에 대해 거부감을 드러내는 시각도 있습니다. 왜냐하면, 근로기준법에서 정한 근로시간은 주 40시간이고, 당사자 간에 합의하면 1주에 12시간을 한도로 연장 근로할 수 있다고 정했기 때문입니다. '주 52시간'을 당연시하는 것은 노동자의 의사에 관계없이 연장근로를 할 수 있다고 해석될 수 있기 때문이라고 주장합니다.

사실관계를 정확히 따져보면, 우리나라의 근로시간은 2004년부터 주 44시간에서 주 40시간(5일 근무제)으로 단축되었습니다. 다만, 1주일을 5일로 해석했기 때문에 40+12+16(주말 2일) 즉, 68시간을 일해도 법 위반으로 간주하지 않았던 것입니다.

〈근로기준법〉

제2조(정의) 7. "1주"란 휴일을 포함한 7일을 말한다.(신설 내용)

제50조 (근로시간)① 1주 간의 근로시간은 휴게시간을 제외하고 40시간을 초과할 수 없다.

제53조(연장 근로의 제한) ① 당사자 간에 합의하면 1주 간에 12시간을 한도로 제50조의 근로시간을 연장할 수 있다.

* 제50조, 53조는 기존 내용

이와 같은 시각을 감안하고 법령상 문구에 기초하여 해석하면, 다음과 같이 근로시간을 표현하는 것이 적절합니다.

주 40시간은 '법정 근로시간'(제50조),
주 52시간은 '근로시간 최대한도'(제53조)

이처럼 개념적 구분이 중요한 이유는 근로계약 시 약정한 근로시간이 몇 시간인지? 에 대한 논란이 생길 수 있기 때문입니다. 예를 들어 근로계약 시 "법정 근로시간 근무, 월 300만원"으로 정한 경우 경영자는 주 52시간 = 300만원이라고 생각할 수 있고, 노동자는 주 40시간 = 300만원으로 이해할 수도 있습니다.

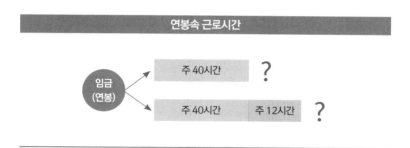

이런 경우 노동자가 퇴사 후에 연장근로수당을 추가로 청구하게 되면, 결국 '법정 근로시간'의 의미를 따져보지 않을 수 없습니다.

주 40시간 또는 주 52시간에 대한 해석은 노사 간 시각 차이에서 발생하는 문제입니다. 근로시간에 대한 오해를 줄이기 위해서는 근

로계약 시 기본근로 + 연장근로 등을 명확히 구분하여 근로시간과 임금을 정하는 것이 바람직합니다.

위 사례와 같이 주 52시간 = 300만원으로 정하는 것을 이른바 '포괄임금제'라고 합니다. 포괄임금제는 법령상 근거는 없지만 판례로서 인정하고 있습니다. '포괄'이란 정확히 계산하지 않아도 된다는 뜻이기에 여기저기에 갖다 붙이기 쉽습니다. 남용의 문제가 발생할 가능성이 있지요. 그러나 포괄임금의 기본 전제는 근로시간 산정이 어려운 경우에만 예외적으로 인정하는 제도입니다. 최근 들어 포괄임금제를 폐지하는 회사들이 하나둘씩 늘어나고 있습니다. 포괄임금제를 실시하기 전에 따져봐야 합니다. 우리 회사는 근로시간을 측정하기 어려운 것인지? 근로시간을 측정하기가 귀찮은 것인지?

🔊 균형 맞추기

조율 1. 주 52시간 보다는 주 40시간 + 연장근로 12시간이 보다 정확한 표현입니다

조율 2. 근로계약 시 기본 근로(40시간) 이외에 연장근로를 고정적으로 수행해야 하는지를 정해야 합니다

조율 3. 반복적인 연장근로가 필요한 경우 총액으로 포괄하지 말고, 기본 근로 + 연장근로 금액을 명확히 구분하는 것이 바람직합니다

휴게시간 vs 대기시간

◆

며칠 전 편의점에서 일하는 알바 노동자에게 연락을 받았습니다. 근로시간 중간에 30분의 휴게시간이 있는데, 사장님이 말씀하길 "자리를 떠나지 말고 계산하는 중간중간에 짬짬이 쉬어라"라고 했다더군요. 이를 휴게시간으로 볼 수 있는지 궁금하다는 내용이었습니다.

노동자가 회사 내에서 머물러 있는 시간을 체류시간 또는 구속시간이라고 합니다. 모든 구속시간이 근로시간으로 인정되는 것이 아닙니다. 구속시간 중에서 휴게시간이나 대기시간과 같이 실제로 일하지 않는 시간이 존재하는데, 이들의 실질적인 성격에 따라 근로시간인지 여부가 달라집니다. 노동자가 사용자의 지휘·감독에서 벗어나 자유롭게 이용할 수 있는 시간은 '휴게시간'으로 간주하여 근로시간에서 제외합니다. 반면에 노동자가 자유롭게 쉬기가 어려운 경우는 사용자의 지휘·감독 아래에 있는 '대기시간'으로 보아서 근로시간으로 인정합니다.

휴게시간: 완전 자유 → 근로시간 아님 → 무급 처리
대기시간: 불완전 자유 → 근로시간 → 유급 처리

휴게시간과 대기시간의 구분은 근로시간이 길지만, 근로의 강도가 비교적 낮은 감시적(監視的)·단속적(斷續的) 근로자에게 중요한 이슈가 됩니다. 고용노동부에서 승인을 받은 감단근로자들은 근로기준법 제63조에 의해 근로시간, 휴게 및 휴일에 대한 규정을 적용하지 않아도 됩니다. 대표적인 직종으로 경비, 운전기사, 기전(기계, 전기기사)이 있으며, 저는 이를 기억하기 쉽게 '경운기'라고 약칭합니다.

근로시간에 대한 관심이 높아지면서 경운기 업무를 담당하는 노동자들이 고용노동부에 민원을 제기하는 빈도가 늘어나고 있습니다. 주로 연장근로, 야간근로 등 시간외근로수당을 청구하는 내용입니다. 고용노동부로부터 감시적·단속적 근로 승인을 받지 않았거나, 승인 내용과 다르게 운영하는 경우에는 추가적인 임금을 지급해야 할 수도 있습니다.

최근에 경비 노동자의 가면 휴게시간은 대기시간이라는 대법원 판결*이 나왔습니다.

판례

"독립된 휴게 공간을 제공받지 못한 점, 야간 휴게시간에 근무 초소(경비실) 내의 의자에 앉아 가면상태를 취하면서 급한 일이 발생할 시 즉각 반응하도록 지시한 점, 야간 휴게시간에 근무 초소 내의 조명을 켜 놓도록 한 점, 원고(경비원)들의 야간 휴게시간은 자유로운 이용이 보장되는 휴식·수면 시간으로 보기 어렵고, 혹시 발생할 수 있는 긴급상황에 대비하는 대기시간으로 볼 여지가 충분하다."라고 판시하였습니다.

◆ 대법원 2017. 12. 13. 선고, 2016다243078 판결

경영자 입장에서는 해당 노동자의 업무강도가 높지 않고, 입사 시 근로조건에 대해서 충분히 설명하고 근로계약을 체결하였기에 문제 될 것이 없다고 주장합니다. 그러나 노동자가 사용자의 지휘감독 아래에 있었는지 여부는 당사자의 합의와 상관없이 근로기준법의 관점에서 객관적으로 판단되어야 한다*는 이른바 '객관설'에 의하면, 객관적으로 근로자가 사용자의 지휘명령 하에 있는 시간이면 근로시간이 되는 것입니다.

대형 프랜차이즈 매장에서 단시간 노동자(알바)의 인건비를 줄이기 위해 꺾기를 한다는 뉴스가 나오고 있습니다. '꺾기'란 손님들이 적은 시기에 근로계약에서 정한 퇴근 시각보다 일찍 퇴근하도록 하는 관행을 말합니다. 휴게시간이 대기시간으로 인정받는 사례가 늘어나자 점주는 사업장 내에 머물러 있지 말고 일찍 퇴근하라는 것입니다. 사업주는 무임금이라고 주장할 수도 있으나, 이는 약정한

휴게 vs 대기 vs 꺾기		
근로시간	휴게시간 (완전 자유)	근로시간
근로시간	대기시간 (불완전 자유)	근로시간
근로시간	꺾기	근로하지 않음

◆ 김유성(2005), 노동법Ⅰ, 법문사, p.139

근로조건을 지키지 않는 법 위반행위입니다.

　노동자는 8시간 동안 일하기 위해서 출근하였으나, 갑자기 4시간만 일하고 들어가라고 한다면 당황스러울 수밖에 없습니다. 꺾기는 노동자의 의사와 관계없이 결정한 것이고, 이로 인해 노동자가 일을 못한 것이지 안 한 것은 아니기에, 최소한 휴업 수준인 평균임금의 70%를 지급해야 합니다.

　사업주가 꺾기를 하지 않으려면 처음부터 근로시간을 줄여서 약정하면 되지 않을까요? 만약에 4시간으로 근로계약을 했는데 업무가 바빠져서 8시간 근로를 한 경우에는 추가적인 연장근로수당을 지급해야 합니다. 하루 일급은 8시간분이 아니라 10시간분(4+(4*1.5배))을 지급해야 합니다. 매출이 줄어드는 사업 운영상 리스크는 사업주가 감당해야 하며, 이를 노동자에게 전가해서는 안 됩니다. 이와 같은 상황에서 사업주는 과거 Data에 근거하여 향후 가동률을 예측하고 적정 인력 및 근로시간을 정하는 것이 최선입니다.

🗨️ **균형 맞추기**

조율 1. 근로계약서에 총 휴게시간만 정하는 것보다 구체적인 시각을 특정하는 것이 바람직합니다.

조율 2. 휴게시간을 특정하기 어렵거나 길게 정하는 경우에는 충분히 휴식할 수 있는 환경을 제공해야 합니다.

조율 3. 근로시간 변경이 필요한 경우에는 노동자와 합의를 거쳐야 하며, 빈번하거나 일방적인 변경은 지양해야 합니다.

겸업 금지 vs 경업 금지

◆

얼마 전 서울에 있는 K 공공기관에서 일하는 조리사 D가 주말에 동네 식당에서 알바를 했다는 제보가 감사실에 접수되었습니다. K사의 취업규칙에서는 겸업을 엄격히 금지하고 있으며, 회사의 승인을 받지 않고 겸업하는 경우에는 징계할 수 있다는 내용이 포함되어 있었습니다. 조리사 D는 2019년 초 용역업체 소속에서 K사의 정규직으로 전환된 분입니다. D는 그동안 직장 생활하면서 투잡(Two Job)을 하면 안 된다는 말을 들어본 적이 없었다고 합니다.

본 건의 처리 방향에 대한 자문 요청이 들어왔습니다. 겸업한 기간이 길지 않고, 업무 시간과 중복되지 않았을 뿐만 아니라 정규직 전환 시 취업규칙을 자세히 알려주지 않은 점 등을 감안하여 공식적인 징계보다는 '주의'가 적절하다는 의견을 전달하였습니다.

사례 2

U 중소기업에서 일하는 L은 사업자등록을 하였다는 이유로 회사로부터 중징계를 받았다며 상담을 요청하였습니다. 얘기를 들어보니 사업은 L의 아내가 한 것이고 L은 명의상 대표자였습니다. 회사에서도 이 내용을 알고 있지만, 다른 목적으로 L을 징계하려고 한 것이었습니다.

사례 3

외국계 E사에서 영업관리를 담당하던 H는 퇴근시간 이후 영어 과외, 대리운전

등 다양한 알바를 하는 열정이 넘치는 청년입니다. 업무 시간밖에 개인의 사생활까지 회사가 관여할 바는 아니지만, H는 수면시간 부족으로 지각이 잦아졌고 근무시간에 졸고 있는 빈도가 늘어나자, E사는 H가 회사의 사무용품을 사용하여 과외 준비를 한 것을 문제 삼았습니다.

이처럼 겸업 금지와 관련된 분쟁이 심심치 않게 발생합니다. 공무원이나 공공기관에서 일하는 사람은 품위 유지나 청렴의무 준수를 이유로 겸직을 엄격히 제한합니다. 그러나 민간기업은 경쟁사 등 이해관계가 있는 업체에서 일하거나, 본업에 지장을 초래하는 경우가 아니라면 겸업을 허용하기도 합니다.

얼마 전 일본에서 겸업 금지를 완화한다는 뉴스를 접했습니다. 종신 고용을 고집했던 일본의 기업에서 겸업을 허용한다는 것은 더 이상 노동자의 고용안정을 보장하기가 어렵다는 의미로 해석될 수 있습니다. 독점적 또는 전속적 노동의 제공을 조건으로 하는 겸업 금지는 단시간 노동의 확대 등 노동의 유형이 다양해지는 추세에 맞춰서 완화되는 것이 바람직합니다. 다만, 본업에 지장을 초래하지 않는 한도 내에서 이뤄져야 합니다.

'겸업 금지'와 유사한 용어로 '경업 금지'라는 용어가 있습니다. 경업 금지는 '전직 금지'라고도 하며, 퇴직 후 일정기간 동안 경쟁관계에 있는 회사로 이직하는 것을 금지하는 것입니다. 겸업 금지가 재직 중의 제한이라면, 경업 금지는 퇴직 후의 제한이라는 차이가 있습니다.

경업 금지는 헌법상의 권리인 직업선택의 자유를 직접적으로 제

재직 중	퇴직 후
겸업	경업 금지
금지	

한할 뿐만 아니라, 노동자의 생계를 위협할 수 있으므로 제한적으로 인정될 수 있습니다.

〈경업 금지의 인정 요건〉

1. 금지기간이 적정해야 함(판례에서 1년 정도는 인정)

2. 금지지역을 특정해야 함(예시 ○○시 인근)

3. 금지에 상응하는 추가 보상을 해야 함

경업 금지 약정을 체결한 회사는 많으나, 추가 보상까지 고려하는 회사는 거의 없습니다. 추가 보상을 하지 않은 경우에는 경업 금지를 인정받기가 어려울 수 있습니다. 그러나 최근에 학원 영어강사 판례에서 타 학원에 비해 높은 고정급을 지급한 것을 추가 보상으로 인정한 예외적인 사례도 나타나고 있습니다.

노동자는 재직 중은 물론이고 퇴직 후에도 취업에 대한 일정한 제한을 받습니다. 이는 근로 제공에 수반되는 기본적인 의무에 따른 것으로 절대적인 제한이 아니라 금지되는 취지에 부합되도록 이뤄져야 합니다.

정직 vs 대기발령

◆

직장 생활을 하다 보면 일정기간 동안 근로를 제공하지 못하는 경우가 있습니다. 대표적인 경우가 휴직입니다. 휴직이란 특정한 사유로 근로 의무가 면제된 기간으로 노동자의 신청에 의해서 이뤄집니다. 이에 반해 정직이나 대기발령은 노동자의 의사와 관계없이 회사의 명령에 의해 일정기간 동안 일하지 못하는 것입니다.

이중 정직은 징계 유형 중 하나로 노동자의 잘못된 행위에 대한 처벌인데 반해, 대기발령은 회사의 조직개편 등 특별한 사정으로 인해 노동자에게 일시적으로 직무를 부여하지 못하는 경우에 내려집니다. 간혹 노동자가 비위행위를 하여 징계처분을 하기 전에 일시적으로 대기발령을 하는 경우도 있으나, 대기발령은 회사 사정에 의해 행해지는 것이 일반적입니다.

정직이나 대기발령 모두 일을 하지 못하는 것은 동일하나, 그 원인이 정직은 노동자에게, 대기발령은 회사에 있다는 점에서 차이가 있습니다. 따라서 정직기간에는 임금을 지급하지 않는 것이 원칙이고, 대기발령기간에는 노동자에게 임금을 지급해야 합니다.

| 정직과 대기발령의 비교 |

구분	정직	대기발령
공통점	일정기간 일하지 못함	
사유	노동자 사정	회사 사정 (일부 노동자 사정)
임금	무급 원칙	유급 원칙

얼핏 보면 정직보다 대기발령이 노동자에게 유리한 것처럼 보입니다. 그러나 현실에서는 회사에서 대기발령을 남발하는 경우가 많아서 대기발령이 노동자에게 더 큰 불이익을 주는 경우가 많습니다. 정직은 징계에 해당하므로 사유가 명확해야 하며, 징계 절차도 정확히 지켜야 합니다. 그러나 대기발령은 인사발령 중 하나이므로 비교적 자유롭게 실시할 수 있습니다. 능력이 부족하다는 등 여러 가지 사유로 경영자의 눈 밖에 난 노동자에게 대기발령이 행해지는

경우가 많습니다. 대기발령기간 동안 업무를 부여하지 않거나, 근로 장소를 변경하는 등의 방법을 통해서 노동자에게 퇴사를 압박하기도 합니다.

대부분의 노동자는 대기기간 중 인간적인 모멸감을 느끼고 오래지 않아서 자진 사직하는 경우가 많습니다. 2019년 7월부터 시행된 직장 내 괴롭힘 금지에 해당하는 행위 중 하나로 "허드렛일만 시키거나 일을 거의 주지 않음" 내용이 메뉴얼에 명시되어 있습니다. 따라서 노동자에게 퇴사를 압박하기 위한 수단으로 대기발령을 활용하는 경우에는 노동위원회에 구제신청 이외에도 직장 내 괴롭힘 금지 차원에서 다뤄질 수 있습니다.

한편, 일부 회사에서는 취업규칙에는 "대기발령 이후 3개월이 지나면 당연면직(자동 퇴사)된다"라고 규정한 경우가 적지 않습니다. 대전에 있는 게임 개발을 주력으로 하는 G사의 취업규칙에도 동일한 내용이 명시되어 있습니다. G사는 인사평가에서 연속하여 D등급을 받은 K에게 대기발령을 명하였고, 3개월이 지난 시점에서 취업규칙에 근거하여 K에게 해고를 통보하였습니다. 이후 K는 노동위원회에 부당해고 구제신청을 하였고, 위원회로부터 부당해고 판정을 받아서 회사에 복직하였습니다.

대기발령이나 대기시간에는 일을 하지 않아도 월급은 나오기 때문에 문제가 될 것 없다고 볼 수도 있습니다. 그러나 대기기간 중 몸은 편할지 모르겠지만, 마음이 편치 않습니다. '대기'라는 단어에 '불확실성'이라는 의미가 내포되어 있기 때문입니다. 노사 간 신뢰도가 낮을수록 '대기'의 의미가 '근로시간의 대기'를 넘어 '고용의 대기'로 해석될 수도 있습니다.

🗨️ 균형 맞추기

조율 1. 정직은 노동자에게 귀책사유가 있을 때, 대기발령은 회사 사정에 따라 실시할 수 있습니다.

조율 2. 대기발령 중 회사에서 대기하면 임금 100%, 자택 대기는 평균임금 70% 이상을 지급해야 합니다.

조율 3. 해고의 전 단계로 대기발령은 적법성을 인정받지 못할 가능성이 높습니다.

권고사직 vs 해고

◆

노동위원회의 국선 사건으로 만난 N은 사회 초년생으로 입사한 지 6개월 만에 해고를 당했다고 저를 찾아왔습니다. 첫 미팅 자리에서 N은 해고 당시에 대표자와 나눈 녹취 내용을 들려주었습니다. 녹취 내용을 몇 번이나 반복해서 들어봤지만, N이 해고를 당한 것인지가 명확하지 않았습니다. 주요 내용은 이렇습니다.

대표자: "자네와 우리 회사는 좀 안 맞는 것 같네. 아직 젊으니까 더 늦기 전에 본인에게 맞는 진로를 찾아봐야 되지 않을까?"

N: "… 알겠습니다."

N의 입장에서는 "사장님이 나가라고 해서 나온 것이므로, 이는 명백한 부당해고다."라고 주장하더군요. 그러나 대표자는 N의 향후 진로에 대해 권유한 적은 있지만, 최종 의사결정은 N이 하였기에 자진 사직 또는 권고사직이라고 주장하였습니다.

근로관계를 종료하는 방식은 크게 '퇴직(사직)', '해고', '자동 소멸'로 구분됩니다. 퇴직은 노동자의 자발적인 의사에 따라 근로관계를 종료하는 것으로 사용자의 일방적인 조치인 해고와 구별됩니다. 그러나 가장 빈번한 유형인 '합의해지'중 하나인 권고사직은 해고와 혼동되는 경우가 많습니다. 이로 인해 권고사직인지? 해고인지? 에 관한 분쟁이 자주 발생합니다. 권고사직은 상호 합의를 전제로 하지만, 노동자가 먼저 회사에 퇴직에 관한 합의를 제안하는 경우는 거의 없습니다.

예를 들어 노동자가 먼저 "퇴사하는 조건으로 실업급여를 받게 해 달라."고 제안하는 경우도 없지 않지만, 사용자가 노동자에게 퇴사를 권유하는 것이 일반적입니다. 회사의 퇴사 권유를 노동자가 흔쾌히 수용하면 '합의해지'로 처리하게 되고, 법률적 분쟁이 발생하지 않습니다. 그러나 노동자가 마지못해 수용하거나 사용자의 권고를 거부한 채 회사를 나오게 되는 경우, 노동자는 "해고를 당했다."라고 주장하고 사용자는 '권고사직'이라고 주장할 여지가 있습니다.

실무적으로 권고사직인지 해고인지는 사직서 작성 여부로 구분합니다. 노동자가 사직서를 작성하고 퇴사한 경우에는 회사와 합의가 이뤄진 것이므로 권고사직으로 간주하고, 사직서를 작성하라는 사용자의 권유를 노동자가 거부하였음에도 불구하고, 출근을 막는 것은 해고로 볼 수 있습니다.

몇 년 전 국선 해고 사건을 맡았을 때 일입니다. 상가 관리사무소에 새로 부임한 소장이 경리 직원에게 "새 술은 새 포대에 담아야 한다."며 사직서 작성을 권유했다고 하더군요. 이어서 소장은 "내일까지 사직서를 작성하면 한 달치 위로금을 지급하고, 그렇지 않으면 이마저도 없다"라고 했답니다. 해당 노동자는 어쩔 수 없이 사직서를 작성하였는데, 이제 와서 생각해 보니 해고당한 것이 너무 억울하다고 하소연을 하였습니다. 노동자의 딱한 사정은 이해되지만, 이와 같이 사직서를 작성한 경우 부당해고로 인정받기가 매우 어렵습니다.

대법원 판례◆는 이와 같은 경우 자발적인 사직으로 봅니다.

"노동자가 사직서를 작성할 때 진정으로 사직을 바라지는
않았다고 하더라도 당시의 상황에서 그것이 최선이라고 판단하여
그 의사표시(사직서 작성)를 한 경우에는 내심의 효과의사가
결여된 진의 아닌 의사표시라고 할 수 없다."

사용자는 해고의 사유나 절차 등이 비교적 까다롭다 보니, 해고보

◆ 대법원 2003. 4. 25. 선고, 2002다11458, 판결

다는 권고사직으로 접근하는 경우가 많습니다. 사용자가 사직을 권유하는 것 자체는 법적으로 문제가 될 것이 없으나, 노동자가 이를 거부할 때가 문제입니다. 대부분의 사용자는 "없었던 일로 하자"는 식으로 묻어두기보다는 일단 마음을 정하였으니, 법적 위험 부담이 있더라도 해고하는 경우가 많습니다.

이론적으로 권고사직과 해고는 구분되지만, 결과적으로 노사 간 고용관계가 종료된다는 점에서는 큰 차이가 없습니다. 노동자 입장에서 권고사직은 해고에 준하는 느낌을 받을 수밖에 없습니다. "우리나라 노동법은 해고하기가 매우 어렵습니다."라고 말하는 경영자가 많습니다. 그러나 대기업에서 '희망퇴직'이라는 이름으로, 중소기업에서는 '권고사직'으로 퇴사하는 경우까지 포함하면, 경영자의 말이 반드시 맞는 것은 아닙니다.

희망 퇴직한 사람 중 희망한 사람이 없고, 권고는 거부할 수 없는 것이 현실입니다. 이에 대한 문제점을 인식하고 국정과제 100대 과

🗨️ **균형 맞추기**

조율 1. 회사는 사직을 권유할 수 있고, 구성원은 거부할 수 있어야 권고사직입니다.

조율 2. 회사에서 사직을 권유할 때는 해고에 준하는 명확한 이유를 제시하거나, 구성원이 수용할 수 있는 충분한 보상을 해야 합니다.

조율 3. 구성원을 내보내야 할지 말지 고민하지 않으려면, 퇴직보다는 채용에 대한 시간과 노력을 투자해야 합니다.

제 중 '근로계약 종료 전반에 관한 개선방안 마련'이 선정되었으나, 아직 뚜렷한 대책이 나오지 않았습니다.

일부 기업 중에 무해고 정책(No Fire Policy)을 시행하는 경우가 있습니다. "우리 회사에 해고는 없다."라고 선언하니 채용이 신중해졌고 자연스럽게 해고할 대상이 없어지게 되었다고 합니다.

2개월 전 사직 통보 vs 퇴사 시 PC 포맷

◆

사람이나 회사나 뒤 끝이 좋아야 합니다. 저는 몇 군데 회사에서 근무하면서 수많은 동료와 선후배를 만났습니다. 회사를 다녀서 얻은 뜻하지 않는 혜택 중 하나가 인간관계의 폭을 넓혀준다는 것입니다. 그러나 재직 중에는 모두 다 친하게 지냈지만 퇴사 후에 만나는 사람은 한정되더군요. 출근하지 않아도 서로가 이해관계없이 만날 수 있는 사람들이 인생 친구로 남습니다. 이에 반해 퇴사 후 다시는 쳐다보고 싶지 않은 회사나 사람들도 있습니다. 이들과는 재직 시 또는 퇴사 시에 크고 작은 갈등이 발생합니다.

퇴사 2개월 전 사직 통보를 요구하는 회사

대다수 회사의 사규에는 퇴사하기 1개월 전에 미리 사직의사를 밝히도록 정하고 있습니다. 저자의 지인이 운영하는 C사는 퇴사하기 2개월 전에 사직의사를 알리도록 정하고 있습니다. 타사에 비해 예고기간을 길게 설정한 이유를 물어보니, 이전에는 1개월로 정하였는데, 구성원들이 이를 잘 지키지 않고 심지어는 하루 전에 일방적으로 통보하고 회사를 떠나는 경우가 늘어나서 규정을 강화했다고 하더군요. C사는 규정을 강화했지만, 이후에 달라진 것은 없었습니다.

경영자가 저자에게 자주 묻는 질문 중 하나가 "갑작스러운 퇴사 통보를 하는 구성원에게 불이익을 줄 수 있는 방법이 없냐?"는 것입니다. 저자의 답변은 "별다른 방법이 없다"는 것입니다. 경영자가 입은 손해에 대해 민사상 소송을 제기할 수 있다고 말하는 것은 당장 대책을 마련해야 하는 경영자에게 공허하게 느껴질 수 있기 때문입니다. 구성원이 갑작스럽게 퇴사 통보하는 이유는 여러 가지가 있겠지만, 평소 회사의 규칙이 지켜지지 않거나, 인사가 체계적으로 운영되지 않기 때문일 수 있습니다. 구성원은 본인이 일하면서 보고 배운대로 회사의 규칙을 지키지 않아도 크게 문제가 될 것이 없다고 생각할 수 있습니다.

어찌 되었든 이미 마음이 떠난 자를 붙잡을 방법이 마땅치 않기에 재발 방지를 하는 것이 더욱 중요합니다. 퇴사 시점에 당사자와 면담을 하는 것뿐만 아니라 일정한 기간(6개월, 1년)이 지난 후 솔직한 퇴직 사유를 파악해 보는 것도 하나의 방법입니다. 퇴직 사유가 회사의 가장 큰 약점이자 조직문화 개선의 출발점입니다. 퇴직 사유를 잘 파악하고 관리할 수 있다면, 굳이 인사조직 컨설팅을 받지 않아도 됩니다.

퇴사 시 본인 PC를 포맷(format)하고 퇴사하는 노동자

재직 시에 경영자나 상사와 불화가 있다는 이유로 무단 퇴사는 물론 본인이 사용하던 PC에 모든 자료를 일방적으로 포맷(Format)하고 퇴사하는 경우도 종종 발생합니다. 이런 상황이 발생하면 경영자는 어찌할 바를 모르게 됩니다. 그러나 구성원은 본인의 행동에 대해 법적인 책임을 지는 경우가 발생할 수 있기에 유의해야 합니다.

민사 책임

퇴사자는 자신이 수행하던 업무 자료를 온전한 상태로 회사에 반납할 의무가 있습니다. 만약 퇴사자가 의무를 이행하지 않아서 회사의 손해가 발생하면 이를 배상할 책임을 부담하게 됩니다. 또한 회사는 퇴사자에게 데이터 복구비용 등을 청구할 수도 있습니다.

형사 책임

퇴사하는 구성원이 자기가 사용하던 PC를 포맷하거나 자료를 삭제해버리는 경우 형법 제366조에 의해 처벌받을 수 있습니다.

〈형법 제366조(재물손괴 등)〉

타인의 재물, 문서 또는 전자기록 등 특수매체기록을 손괴 또는 은닉 기타 방법으로 기 효용을 해한 자는 3년 이하의 징역 또는 700만원 이하의 벌금에 처한다.

💬 균형 맞추기

구성원 퇴사하기 최소 한 달 전에 회사에 알리고 업무 목록, 파일 등을 정리하여 충실히 인계를 해야 합니다.

경영자 퇴사 준비기간은 최대 한 달 이내로 과도하게 길게 설정하지 않으며, 근속기간이 짧은 경우에는 상호 협의하여 단축할 수 있습니다.

무 노조 vs 비 노조

◆

노무사 수습을 갓 마친 즈음에 지인의 소개로 중견기업 D사의 노조 관련 컨설팅을 의뢰받았던 적이 있습니다. D사의 요구는 간단명료했습니다. "노조를 없애달라."는 것입니다. 당시에 개업한 지 얼마 되지 않아서, 일을 가려 가면서 받을 상황이 아니었습니다. 그러나 수험공부를 마친 지 오래되지 않은 시절이라서 회사의 요청에 대해 교과서적으로 대답하였습니다. "노동조합은 없애야 할 대상이 아니라, 공존해야 할 파트너입니다." 솔직히 고백하면, 노조를 없애는 방법을 그때도 지금도 알지 못합니다.

"노동조합이 없다."는 표현을 '무 노조' 또는 '비 노조'라고 합니다. 양자를 명확히 구분하는 입장에서는 '비 노조 경영'이란 노조가 없어도 될 만큼 업계 최고의 연봉과 근무조건, 복지혜택을 준다는 개념으로 노동조합 자체를 부정하는 '무 노조'와는 차이가 있다고 설명합니다. 비 노조의 취지에 대해서는 이해가 되나, 무 노조와 비 노조가 명확히 구분되는 개념인지에 대해 의문이 듭니다.

문구 해석 상 '무(無)노조'는 특정 회사에 노동조합이 없는 상태를 말합니다. 이에 반해 비(非)노조에는 '아닐 비(非)'를 사용하는데 국어사전에는 '1. 아니다 2. 그르다 3. 나쁘다, 옳지 않다'로 풀이하고 있습니다. 이를 접목하면, 비 노조의 의미는 "노조가 아니다 또는 노조는 옳지 않다"라고 해석할 수 있습니다. 미세한 뉘앙스 차이가 있을 수 있겠지만, 양자 모두 노동조합에 부정적인 의미를 내포하고 있습니다.

경영자 입장에서는 노동조합의 존재가 껄끄러울 수 있습니다. 노조 설립이 부담스러워서 노동자의 근로조건을 향상하는 것 자체는 문제가 되지 않습니다. 그러나 이를 넘어서 노동자가 노동조합에 가입 또는 가입하려고 하는 것에 대하여 불이익을 주게 되면 '노동조합 및 노동관계조정법' 제81조(부당노동행위)에 해당하는 위법행위입니다.

10여 년 전 저자가 근무했던 회사의 노무관리 워크숍에서 '노동조합에 대한 오호담당제(五戶擔當制)'◆가 아이디어 차원에서 언급된 적이 있었습니다. 당시에는 이에 대해 대수롭지 않게 여겼으나, 지금 돌이켜 생각해 보면 얼굴이 뜨거워지네요. 몇 년 전 T 공공기관의 노무관리방식에 대한 대법원 판례가 나왔습니다. T사는 조합원을 배(겉과 속이 모두 하얀 회사 쪽 성향)·사과(겉은 빨갛지만 속은 하얀 회

◆ 북한 주민 다섯 가구마다 한 명의 5호담당 선전원을 배치하여 가족생활 전반에 걸친 당적 지도라는 명목으로 간섭, 통제, 감시하는 제도

유 대상) · 토마토(겉과 속이 모두 빨간 노조 쪽 성향)로 분류해 관리했습니다. 사과로 분류된 조합원들이 T사의 집중 타깃이 되었습니다. 이에 법원은 사측의 행위는 노동자의 단결권을 침해하는 행위이자 부당노동행위로 보고 회사의 손해배상책임을 인정했습니다.

예전에 비해 노동조합을 곱지 않은 시선으로 바라보는 사람들이 늘어나고 있습니다. 이는 노동조합을 '절대 선'으로 과대평가하거나, 시대의 변화에 따르지 못하는 조합 관계자에게도 책임이 있습니다. 그러나 이는 옳고 그름의 문제이지 적법인지 위법인지를 가리는 문제와는 차원이 다릅니다. 그동안 우리가 관행이라고 여겼던 것들을 새롭게 볼 필요가 있습니다. 적법과 위법의 거리는 그리 멀지 않기 때문입니다.

💬 **균형 맞추기**

허용 가능 범위
- "노동조합은 부담스럽다"라고 생각하는 것
- 노동조합을 설립할 생각이 들지 않을 정도로 노동자들의 근로조건을 향상하는 것

위법한 영역
- 노동조합 설립 동향을 파악하거나 억제하는 행동을 하는 것

Paper 노사협의회 vs 노동이사제

◆

얼마 전 대전에 있는 Q사 대표자로부터 연락을 받았습니다. 고용노

동부로부터 노사협의회가 설치되지 않았다는 통보를 받았는데, "노사협의회가 도대체 뭐냐?"라고 묻더군요. 구성원은 물론 경영자도 모르는 유령 같은 조직이 회사 내에 존재합니다. 바로 '노사협의회'가 그것입니다. 이에 대한 정체를 아는 사람은 오직 인사담당자뿐입니다.

노동자 30인 이상 사업장은 '근로자 참여 및 협력증진에 관한 법률'에 따라 노사협의회를 의무적으로 설치해야 합니다. 협의회에서는 생산성 향상과 성과배분, 근로자의 채용, 교육훈련, 고충처리 등에 대해서 분기별로 협의해야 합니다.(노사협의회 설치를 거부하거나 방해한 경우 1천만원 이하의 벌금)

생산성 향상이나 성과배분 등 회사 내 주요 현안을 논의할 수 있는 노사협의기구가 법률로써 명시되어 있음에도 불구하고, 유명무실한 이유는 이해관계자 모두에게 책임이 있습니다.

1. 경영자

저자가 만나본 상당수 CEO는 '노사'라는 단어를 좋아하지 않습니다. '노사'하면 언뜻 떠오르는 이미지가 '노사 문제', '노사 분규' 등 노동조합과 관련되기 때문입니다. 어떤 대표이사는 "노동자들이 뭉치면, 권리 의식만 높아지기 때문에 노동조합이든, 노사협의회든 우리 회사 내에서 절대 허용할 수 없다!!"라고 단호하게 말합니다.

2. 인사담당자

노사협의회를 정상적으로 운영하기 위해서는 협의회 설립, 운영규정 제정, 회의 실시 및 고충처리 등 실무적인 업무가 증가하게 됩니다. 정확히 업무를 수행한다고 누구 하나 알아주지도 않는데, 그냥 기본적인 서류(Paper)만 갖춰 놓으면 되지 않을까?라는 유혹에 빠집니다. 이러한 이유로 회사별 노사협의회 규정의 싱크로율(Synchro)이 95% 이상입니다.

3. 구성원

회사에서 제대로 노사협의회를 운영하고자 해도 구성원들이 관심이 없는 회사가 의외로 많습니다. 그 이유를 미루어 짐작해 보면, 노사협의회에 대한 이해 부족, 협의과정 및 결과에 대한 부정적 시각 등도 있겠지만, "내 일도 아닌데 이리저리 불려 다니면서 총대를 메는 게 귀찮다."라는 시각이 주된 이유로 보입니다.

4. 고용노동부

노사협의회는 고용노동부에서도 상대적으로 관심이 적은 분야입니다. 최근 들어 고용보험 DB를 확인하여 노사협의회 설치를 독려하고 있지만, 집단적인 관계는 노사 자치를 최우선으로 하기에 쌍방이 문제를 제기하지 않으면 그냥 넘어갑니다.

이처럼 Paper 노사협의회의 한계로 인해 최근에 '노동이사제'가

주목을 받고 있습니다. 노동이사제란 노동자 대표가 회사의 이사회에 구성원으로 참여하여 의사결정 과정에 영향력을 행사하는 제도입니다. 문재인 정부가 2017년 7월 발표한 '국정운영 5개년 계획'의 100대 국정과제에서 공공기관에 노동이사제를 도입하겠다고 밝힌 이후 일부 지자체를 중심으로 노동이사제가 도입되고 있습니다.

얼마 전 모 항공사의 오너 리스크가 문제 되었을 때, 회사에 노동조합과 노사협의회가 있음에도 불구하고 구성원들은 '직원연대'라는 새로운 모임을 결성하였습니다. 현재의 노동자 협의기구가 신뢰를 받지 못하는 것을 보여주는 단적인 사례입니다. 최근에 노동시간 단축, 직장 내 괴롭힘 금지 등 굵직한 이슈가 쏟아지고 있습니다. 요식행위가 아니라 시대정신에 걸맞은 진정한 노사 협의기구가 필요한 시점입니다.

🗨️ 균형 맞추기

구성원
- 자본을 투자하여 위험을 부담하고 있는 경영자의 몫을 인정해야 합니다.
- 투쟁보다는 협력을 우선적으로 고려해야 합니다.

경영자
- "구성원은 협의 대상이 아니다"라는 생각을 버립니다.
- 서로가 양보해야 하는 상황에서는 사업을 먼저 시작한 경영자가 먼저 손을 내밀어야 합니다.

제5장

균형적
평가 보상

신중한 만남

중간자의 균형

◆

노사관계를 양자 구조로 보는 것이 일반적인 시각이나, 저자는 노사 간 분쟁을 경험해 보면서 노사관계는 삼자 구조에 가깝다는 생각을 하게 되었습니다. 노와 사 이외에 중간관리자나 인사담당자가 또 하나의 축을 형성하고 있습니다.

중간에 위치한 관리자는 기업 내에서 팀장, 부서장, 인사관리자뿐만 아니라 기업 밖으로 범위를 확대해 보면, 프랜차이즈 사장님, 사내하도급 대표 등도 중간자에 해당될 수 있습니다. 일터가 쪼개지는 균열현상으로 인해 외부에 위치한 중간자가 점점 늘어나고 있습니다. 중간자는 '사업주를 위해 행위하는 자'로서 사용자의 유형 중 하나입니다. 입사 시 구성원과 근로계약 체결, 근무 중에 인사평가 및 연봉협상, 퇴사 시 퇴직 면담 등 대부분의 절차를 중간자가 담당

노사관계의 삼층 구조

사업주
(자본)

중간자(관리)

노동자(노동)

하기 때문에 구성원이 인식하는 사용자는 중간자인 경우가 많습니다. 노사 협상과정에서도 진짜 사업주(자본가)가 직접 참여하는 경우는 흔치 않습니다. 대부분은 중간자가 사업주를 대신하여 협상을 진행합니다.

그러나 중간자의 본질적인 신분은 노동자입니다. 팀장, 부서장 등의 직책은 사업주가 붙여준 임시적 지위에 불과합니다. 중간자도 노동자로 입사하였고 퇴사 시에는 다시 노동자로 돌아갑니다. 사업주를 대신하여 회사의 인사정책을 앞장서 실행했던 인사담당자가 퇴사 후 회사를 상대로 이의를 제기하는 사례를 볼 때마다 이들도 노동자였음을 다시 한번 생각하게 됩니다.

노무사로서 일하면서 수많은 회사의 인사담당자와 중간관리자를 만났습니다. 이들 중에는 대표자보다 더 사업주의 이익을 옹호하는 사람도 있었습니다. 이들은 구성원을 한수 아래로 보고 노동력을 최대한 끌어내는 방향으로 인사관리를 합니다. 반면에 여러 인사정책 결정 시 구성원의 입장에서 결정하는 중간자도 있었습니다. 한 발 더 나아가 어떤 담당자는 본인에게만 유리한 방향으로 인사제도를 만드는 경우도 있더군요. 흔치 않지만 퇴사한 구성원과 개인적인 친분이 있다는 이유로 인사상 비밀을 노출하는 경우도 목격했습니다.

그렇다면, 중간자는 어떤 입장을 취해야 할까요?

1. 넓고 장기적인 시각을 가져야 합니다.

제가 회사에 다닐 때 부서장 미팅에 참석한 적이 많았습니다. 회의 주제는 매출 계획, 품질 향상 등 다양한 주제에 대해 논의하였습니다. 그러나 희한하게도 회의 끝에 내린 결론은 대부분 비슷했습니다. "담당 인력이 부족하다"는 것입니다. 이런 식으로 급박하게 채용된 구성원들은 오래지 않아서 구조조정 리스트에 오르게 되기도 했습니다. 생산팀장은 적기에 납품만 잘하면 되고 영업부서장은 신규 계약 체결만 잘하면 되지만, 팀과 부서가 모여서 회사가 됩니다. 관리자는 구성원을 부품이나 계약서와 같이 다루면 안 되고, 사람에 대한 깊은 이해와 관심을 가져야 합니다.

2. CEO의 눈치만 살피면 안 됩니다.

인사상 주요 의사결정은 대표자가 하지만, 결정 과정에서 인사담당자에게 의견을 묻는 경우가 많습니다.

"박 팀장은 A안에 대해서 어떻게 생각하나?"

소신껏 말하는 사람도 있지만, 대표자의 의중을 파악하고 이에 맞춰서 모범답안을 말하는 사람이 적지 않습니다. 딱히 정해진 답은 없지만, 기본적으로 사용자 입장에서 접근하되, 전체 구성원의 의견을 대변할 필요가 있습니다. 인사담당자는 사업주를 위해 행위하는 자이지만, 구성원 역시 인사담당자의 고객이므로 이들이 원하는 것을 파악하여 회사의 인사정책에 반영해야 합니다. 사업주만 위해 일한다면, 이로 인한 공백을 노조위원장이 맡게 될 가능성이 매우 높습니다. 인사담당자의 위치를 그림으로 표현하면 아래와 같습니다.

| 인사담당자의 Position |

사용자		노동자	
사업주	사업주를 위해 행위하는 자	구성원을 위해 행위하는 자	자연인(On/Off)
	◀——— 인사담당자의 역할 ———▶		

이와 같이 업무 수행할 때는 주로 사용자 입장에서, 그 외의 영역에서는 자연인인 노동자 입장으로 돌아오면 되지만, 스위치 전환이 어려워서 혼란스러울 수 있습니다. 노사관계를 착취와 투쟁의 관계로 바라보면 더더욱 그렇습니다. 그러나 기업의 경쟁력 제고와 구성원의 삶의 질 향상이 결코 다른 방향이 아니라는 것을 깨닫게 되

면 경영자와 구성원이 모두 공감할 수 있는 균형점에 다가갈 수 있을 것입니다. 결국 상생의 노사관계를 만들 것인지, 노사 갈등을 유발할 것인지는 중간자의 역할에 따라 달라질 수 있습니다.

"개별 구성원은 Work & Life Balance가 중요하고
중간자는 Worker & Employer Balance가 핵심이다."

회사의 첫인상은 구인공고부터 시작된다

◆

채용은 근로계약 이전에 이뤄지므로 채용은 근로조건이 아닙니다. 이러한 이유로 경영자는 임금이나 퇴직 등에 비해 채용 관리에 대한 법률적 준비를 소홀히 하는 경향이 있습니다. 그러나 갈수록 취

〈채용절차의 공정화에 관한 법률 주요 내용〉

제4조 거짓 채용광고 등의 금지

제4조의2 채용강요 등의 금지

제4조의3 출신지역 등 개인정보 요구 금지

제5조 기초심사자료 표준양식의 사용 권장

제6조 채용서류의 거짓 작성 금지

제7조 전자우편 등을 통한 채용서류의 접수

제8조 채용일정 및 채용과정의 고지

제9조 채용심사비용의 부담금지

제10조 채용 여부의 고지

제11조 채용서류의 반환 등

업하기가 어려워지자 취업(채용)은 전 국민의 관심사가 되었습니다. 이에 2014년 1월부터 '채용절차의 공정화에 관한 법률'이 시행되었고, 2019년 7월부터 제4조의 2, 3항이 추가되었습니다.

입사 지원자 중 누구를 선택할지는 경영자의 권한이지만, 채용과정에서 회사와 구직자가 공정하게 정보를 주고 받도록 정하고 있습니다. 동법이 시행된 지 시간이 꽤 지났지만, 아직도 채용 사이트에서 "제출서류를 일절 반환하지 않겠습니다"와 같이 법 내용과 상충되는 사항을 기재하는 회사가 적지 않습니다.

노동자들이 고용노동부에 채용절차에 관한 민원을 제기하는 사례가 점차 늘어나고 있습니다. F사는 육가공업체로 상시적인 연장근로를 하여 실제 노동시간이 주당 60시간을 넘었으나, 채용공고에는 '노동시간은 주 40시간'으로 명시하였다고 합니다. 3개월 수습 종료에 불만을 가진 노동자가 동법 4조를 근거로 고용노동부에 민원을 제기하였습니다.

제4조 거짓 채용 광고 등의 금지

③ 구인자는 구직자를 채용한 후에 정당한 사유 없이 채용광고에서 제시한 근로조건을 구직자에게 불리하게 변경하여서는 아니 된다.

담당 근로감독관은 '법 위법사항 없음'으로 판단하였지만, 논란의 여지가 있는 사항입니다. 부정기적으로 연장근로를 하는 경우는 문제 되지 않겠지만, 고정적인 노동시간이 주 40시간을 초과하는 경우는 이를 정확히 명시하는 것이 바람직합니다.

며칠 전에 걸려온 전화 상담 내용입니다.

"저는 채용공고에서 연봉 3,000만원으로 표시된 내용을 보고 입사지원을 하였는데, 이후 회사로부터 "축 합격!! 7월 1일 출근, 월급 230만원"이라는 문자메시지를 받았습니다. 그럼 연봉이 2,700만원 밖에 안되잖아요. 이 회사를 허위 광고로 고용노동부에 신고하고 싶습니다."

이와 같은 사례는 연봉에 퇴직금이 포함된 것인지 여부에 대한 노동자와 경영자의 시각 차이에서 발생합니다. 이러한 분쟁을 줄이기 위해서 많은 회사의 채용공고에서 '급여는 회사 내규에 따름'이라고 명시하는 경우가 많습니다. 그러나 이와 같은 회사에 내규가 없는 곳이 많기 때문에, 그냥 "임금을 자세히 알려주고 싶지 않다."라는 의미의 상투적인 표현으로 이해해야 합니다.

경영자가 제품을 구매할 때 물건 값을 알지 못한 상태에서 의사결정을 하기는 쉽지 않을 것입니다. 노동자가 회사에 입사 지원할 때 임금은 주요한 조건이므로 의사결정을 할 수 있을 정도의 임금 정보를 제공해야 합니다. 꼭 집어 표현하는 것이 부담되어 '내규에 따름'이라고 미루기보다는 일정한 구간 값(예시 4,500~5,000만원)을 제시해주는 것이 방법이 될 수 있습니다. 경영자가 제공하는 정보가 정확하면 정확할수록, 적합한 인재(Right People)를 만날 가능성이 커집니다.

어떤 구성원을 채용할 것인가?(태도의 재발견)

◆

일의 완성도나 품질은 업무 수행자의 지식, 기술, 태도에 따라 달라집니다. 이들 세 가지 요소 중 기업에서 구성원을 채용할 때 가장 비중 있게 고려하는 요소는 무엇일까요?

한국직업능력개발원에서 매출액 순위 500대 기업 100개사의 인사담당자를 대상으로, 4년제 대졸자 채용과 관련하여 면접 단계에서 중시하는 요인을 파악한 결과를 발표하였습니다.◆

면접시 속성별 중요도(백분율)

도덕성, 인성	팀워크	인내력	문제해결능력	의사소통능력	도전정신 및 열정	직무에 대한 이해	직무 관련 기초지식
23.5	13.6	13.3	13.6	10.4	10.3	9.1	6.2

1순위는 도덕성·인성, 2순위는 팀워크, 3순위는 인내력입니다. 이들 요소는 지식, 기술, 태도 중 태도에 해당합니다. 태도가 가장 중요하다는 다소 맥 빠진 결론입니다. 그러나 인사실무에서 자주 활용하는 역량모델에서도 수면 위 지식, 기술(능)보다는 수면 밑에

◆ 능력중심사회와 청년 노동시장', 한국직업능력개발원, 2016.12

있는 가치관, 품성, 동기 등 태도와 관련한 요소를 보다 중시하고 있습니다.

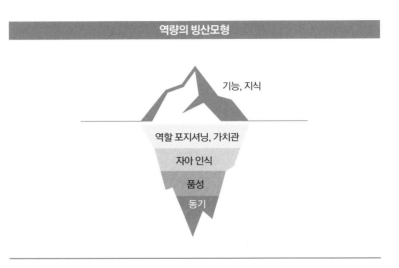

역량의 빙산모형

기능, 지식

역할 포지셔닝, 가치관

자아 인식

품성

동기

저는 인사컨설팅을 수행할 때 '직무중심 HR'에 기반하여 정량적인 요소를 강조하는 방향으로 진행하곤 했습니다. '근태' 등 태도와 관련된 요소는 올드(Old)하다는 이유로 비중을 축소하기도 했습니다. 이후 노무사로서 일을 하면서 노사 간 갈등의 상당 부문이 '상대방을 향한 태도'에서 시작된다는 것을 느끼게 되면서 생각이 조금씩 바뀌고 있습니다.

몇 해 전부터 공공기관은 의무적으로 블라인드 채용을 실시하고 있습니다. 숨겨지는 부분이 늘어나는 만큼 개인별 역량을 가릴 수 있는 추가적인 정보가 제공되어야 하는데 이전에 비해 정보의 총량이 줄어들어 '깜깜이 채용'이라고 불리기도 합니다. 이와 같이 정보가 제한적인 경우에는 입사 지원자의 태도에 따라서 당락 여부가 좌우될 가능성이 높습니다. 보통의 지식과 기술을 가진 사람을 선택할 때에는 태도가 결정적인 요소입니다. 사람의 태도는 지식이나 기술에 비해 바뀌기가 쉽지 않습니다. 그렇기 때문에 구성원을 채용할 때 충분한 시간을 가지고 신중하게 뽑아야 합니다. 품성이나 태도가 좋은 구성원을 채용하였다면 인사관리의 상당 부분이 해결됩니다.

태도란 특정인의 표정이나 인상 등 외모에서 풍겨져 나오는 이미지라기보다는 일을 대하는 의욕이나 열정 등 일과 관련된 요소만 따져 봐야 합니다. 기업에서 고용한 대상은 개인의 '인격체' 전체가 아니라, '노동력'이므로 일에 대한 태도만을 대상으로 해야 합니다. 어떤 고객이 저에게 "내가 노무사를 샀다."는 말을 할 때 기분이 썩 좋지 않습니다. 내가 제공하는 것은 노동력임에도 불구하고, 상대방은 생각이나 가치관까지 모두 본인에게 맞춰야 한다고 주문하는 것처럼 느껴지기 때문입니다.

크라우드, 집단지성 등 지식과 기술이 개인에서 집단(시스템)으로 옮겨가고 있는 시대에서 살고 있습니다. 다가오는 미래에 AI로 대체할 수 없는 것, 자연인인 노동자에게만 남는 것은 '태도'뿐입니다. 그래서 '태도'의 재발견입니다.

얼마 전 경기도 용인에 있는 G사의 인사담당자로부터 전화가 왔습니다. 수습 중인 구성원이 있는데, 수습 종료 절차를 알려달라는 것입니다. 이유를 물어보니, 한마디로 "그 친구는 태도가 문제다." 라는 것입니다. 구성원을 채용할 때 태도를 보는 것은 경영자의 마음이지만, 태도를 이유로 구성원과의 관계를 종료하는 것은 노동법 위반이 될 수 있습니다. 왜냐하면, 태도는 주관적이므로 보는 관점에 따라 달리 판단될 여지가 있기 때문입니다. 수습을 종료하는 경우에는 객관적인 사유가 있어야 합니다. 예를 들어 학력 위조, 경력 사칭 또는 담당업무를 수행하기 어려운 결격사유가 있다는 것을 회사에서 명확히 입증을 해야 합니다.

"입사 시 판단기준은 태도(수면 아래)이고, 퇴사 시 판단기준은 직무적격(수면 위)이다"

근로(연봉)계약을 잘하는 비법
◆

누구에게나 첫 월급날의 추억은 쉽게 잊혀지지 않습니다. 20여 년 간 소비주체로 살아오다가 비로소 독립된 경제주체로 인정받는다는 가슴 벅찬 뿌듯함은 시간이 흘러도 여운이 남습니다. 그러나 첫 출근일에 어떻게 근로계약서를 작성했는지를 기억하는 사람은 많지 않습니다. 일부 회사에서는 근로계약서를 작성하지 않고 일하기도 합니다. 이는 부동산 매매계약서를 작성하지 않고, 새로운 집에서 사는 것과 크게 다르지 않습니다. 그러나 근로계약서를 작성하지 않았다고 근로관계를 무효로 보는 것은 아닙니다. 구두상의 계약도 유효한 계약으로 인정됩니다.

　근로계약을 서면으로 체결해야 하는 이유는 인간의 기억에 한계가 있기 때문입니다. 시간이 흐른 후 근로조건에 대해 서로 다르게 해석할 여지가 있습니다. 따라서 입사하기 직전 또는 첫 출근일에 근로계약서를 반드시 작성해야 합니다. 입사일로부터 시간이 흐른 뒤에 근로계약서를 작성하는 것도 법 위반이 될 수 있습니다.(근로계약서 미 작성 또는 미 교부 시 벌금 500만원 이하)

　경영자가 구성원과 근로계약이나 연봉계약을 할 때 유의해야 할 점은 무엇일까요? 2016년도 노벨 경제학상 수상자인 올리버 하트 교수와 벵트 홀스트롬 교수가 주장하는 계약이론(Contract Theory)에서 힌트를 얻을 수 있습니다.

　첫째, 정보의 공개 가능성이 커야 합니다.

　일상에서 스마트폰으로 쇼핑을 하는 것도 물품구매 계약의 하나로 볼 수 있습니다. 가성비 높은 쇼핑을 하기 위해서 구매후기를 하나하나 살펴봅니다. 일회성 상품을 사는 경우에도 비교하고 꼼꼼히 따져보는데, 사용기한이 30년인 면접을 보는데 30분도 채 투자하지 않고 결정하는 경우도 많습니다. 짧은 면접 시간을 통해 경영자가 얻을 수 있는 정보는 제한적입니다. 입사 지원자의 정보가 블라인드(Blind)된 상황에서는 면접관의 감에 의지할 수밖에 없습니다.

　경영자는 지원자의 역량을 파악하기 위해서 구체적인 질문 문항을 준비해야 합니다. 예를 들어 "본인의 성격의 장단점은 무엇입니까?"라는 추상적인 질문보다는 "본인의 성격 때문에 인간관계에 지장을 초래했던 적이 있나요?" 또는 "성격상 단점을 극복하기 위해 어떠한 노력을 했나요?"라는 식으로 과거의 구체적인 상황에서 지원자가 취한 행동을 통해 가치관이나 역량을 파악하고자 하는 노력이 필요합니다.

과거에 저자가 채용업무를 담당했던 시절에는 추가적인 정보를 파악하기 위한 노력보다는 주어진 정보를 가공하는데 힘을 쏟았던 것 같습니다. 서류전형 시 출신학교별로 서열을 매겨서 지원자의 학점을 인위적으로 조정하는 절차를 거쳤던 적이 있습니다. 예를 들어 A대학의 3.5점은 B대학의 4.0점보다 높게 인정하는 방식입니다. 이러한 기준을 대외적으로 공개한 것은 아니지만, 당시 인사팀 팀원 누구도 이에 대해 문제를 제기하지 않았습니다. 그러나 블라인드 채용과 같이 채용의 공정성이 확대되고 있는 현시점에서 다시 생각해 보면 얼굴이 뜨거워지는 일입니다.

구조화 면접을 통해 검증이 어려운 경우에는 충분한 수습기간을 설정하여 현업에서 직접 관찰하는 방법을 택할 수도 있습니다. 또한, 경영자는 구직자의 정보를 파악하려는 노력 못지않게 회사와 직무에 대한 정보를 구직자에게 제공해야 합니다. 구인공고에서 부풀려진 내용을 줄이고 직무 수행 시 고충 등을 포함한 정확하고 현실적인 정보를 제공하는 현실적 직무 소개(Realistic Job Preview)를 활용하면, 입사자의 조기 퇴사를 줄일 수 있습니다.

둘째, 상호 간 협상 가능성이 커야 합니다.

구성원과 경영자는 의사 결정 시 자신의 투입과 산출을 비교합니다. 연봉협상 시기에는 협상 결과가 1년간 지속되므로 조금 더 민감해집니다. 구성원은 대략적인 기대치를 가지고 있습니다. "올해는 실적도 좋았으니, 최소 6,000만원 정도는 받겠지"라는 생각으로 연봉협상에 임했는데, 대표이사가 다음과 같이 말합니다.

대표이사: 김과장! 내년도 자네 연봉을 5,000만원으로 정했네, 이의 있나?
김과장: 네? 저는 받아들일 수 없습니다.

이와 같은 상황에서 경영자는 협상 결렬 또는 추가 협상을 선택해야 합니다. 협상이 중단되면 구성원은 소극적으로 일할 수밖에 없고, 이러한 관계는 머지않아서 고용 종료로 이어집니다. 연봉협상이 퇴직면담으로 바뀌게 되는 것입니다. 이런 상황에서 경영자가 구성원에게 원하는 수준과 근거를 물어보고, 수용 여부를 결정하는 것이 바람직합니다. 결과를 미리 정하고 대화에 임하기보다는 조정 가능성을 열어두어야 합니다. 그렇다고 구성원이 원하는 금액을 모두 수용할 수는 없겠지요. 경영자는 개별 구성원과의 관계도 중요하지만, 조직 전체의 형평성을 간과할 수 없습니다. 구성원의 요구에 다소 못 미치는 결정을 하더라도, 결정한 이유를 자세히 알려주면 원만히 마무리되는 경우도 많습니다. 이는 본인의 근로조건을 결정하는 과정에 참여하고 함께 대안을 마련하는 노력을 통해서 서로에 대한 이해도가 높아지기 때문입니다.

경영자는 연봉협상 시 메라비언의 법칙을 효과적으로 활용할 필요가 있습니다. 메라비언의 법칙은 심리학자인 앨버트 메라비언(Albert Mehrabian)이 발표한 이론으로 상대방에 대한 인상이나 호감을 결정하는 데 있어서 보디랭귀지는 55%, 목소리는 38%, 말의 내용은 7%만 작용한다고 합니다.

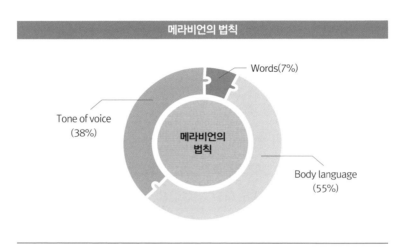

10여 년 전 해당 내용을 처음 접하였을 때는 "터무니없는 이야기이다"라고 치부하였습니다. 몸체가 되는 말의 내용이 가장 중요하고 나머지 요소는 부차적인 요소라고 생각했기 때문입니다. 그러나 노사 간 분쟁 상황을 지켜보면서 정도의 차이가 있을 수 있지만 위 법칙을 받아들이게 되었습니다. 연봉 협상 시 구성원이 원하는 것은 높은 임금 인상이 전부가 아닐 수 있습니다. 이 보다는 과거 1년 간 열심히 노력한 것을 경영자로부터 인정받기를 원하는 마음이 더 클 수도 있습니다.

결국, 근로(연봉)계약을 잘하는 비법이 따로 있는 것은 아닙니다. 회사와 구성원(구직자)이 정보를 Open한 상태에서 합의점을 찾기 위해 마음의 문을 Open 하는 것으로 충분합니다.

따뜻한 인정

일을 시키는 사람과 월급을 주는 사람이 다르다면?

◆

경영자란 구성원의 노무를 수령하고, 임금을 지급하는 사람입니다. 소규모 사업장에서는 동일한 사람이 노무 수령 및 임금을 지급하지만, 일정 규모 이상의 사업장에서 이들의 역할이 분리되어 있는 경우가 많습니다. 일을 시키는 사람은 소속 부서 팀장이고, 임금은 인

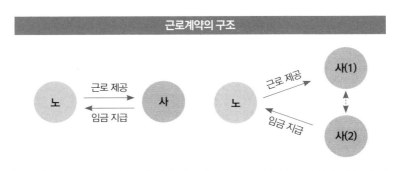

근로계약의 구조

사팀에서 지급하게 됩니다.

빵집 사장님이 월급날 구성원에게 월급을 입금하면서 이런 생각을 할 수 있습니다.

"이 친구, 밥값은 하고 있는 걸까?"

이와 같이 노무 제공＝임금 수준의 무게를 시시때때로 비교할 수가 있습니다. 사장이 "김매니저의 임금이 높은 편이다."라는 생각을 하게 되면 구성원의 노동강도가 세질 가능성이 큽니다. 이에 소규모 사업장에서 일하는 구성원은 본인이 밥값(?)을 하고 있다는 것을 사장에게 지속적으로 어필해야 합니다. 맡은 업무 이외에 눈치를 보는 수고를 감수해야 합니다. 소규모 사업장에서는 구성원의 근로 제공에 대하여 직접적이고 빠른 피드백이 이뤄지기에 구성원의 긴장감이 더 클 수밖에 없습니다.

반면에 규모가 큰 기업에서 일을 시키는 팀장은 팀원이 담당하고 있는 일을 충실히 수행하는지 여부가 중요하지 특정 구성원의 가성비(노동력/임금)가 어떤지에 대해 관심이 높지 않습니다. 그리고 임금을 지급하는 인사팀도 예전에는 구성원을 '통제'하고 '관리'하는 역할을 수행하였으나, 이제는 '지원', '서비스' 역할 중심으로 바뀌면서 요즘에 인사팀을 '갑'으로 보는 경우가 많지 않습니다. 급여 계산에 착오가 나기라도 하면 인사팀 팀원들은 구성원들의 항의를 수습하느라 정신이 없다고 하더군요.

구성원 수가 많거나 여러 곳에 분산된 사업장에서는 사용자(현업부서, 인사부서)의 공백 현상이 발생할 수 있습니다. 제가 전에 근무했던 회사에서도 사용자의 눈에 띄지 않게 그림자처럼 조직에 묻혀서 유유자적했던 동료들도 있었습니다.

다수의 사용자로 인한 관리의 공백을 보완할 수 있는 방법이 두 가지가 있습니다.

첫째, 인사평가제도를 활용하는 것입니다.

현업 부서장이 업무수행 과정 및 결과를 평가하여 인사담당부서에 전달하고, 이후 대표이사가 최종적인 처우를 결정하는 시스템을 마련하는 것입니다. 노동과 임금의 연결고리를 강화하는 방법입니다.

둘째, 대표이사나 인사팀의 권한을 중간관리자에게 위임하는 것입니다.

구성원과 경영자의 교환관계에서 이해관계자가 많아질수록 공정성을 따지기는 쉽지 않은 문제가 됩니다. 따라서 구성원에게 일을 시키는 현업 부서장에게 구성원의 승진, 임금 등 주요 근로조건에 대한 결정권을 부여하는 것이 바람직합니다. 현업 부서장의 권한이 늘어나는 만큼 해당 구성원이 성장할 수 있도록 육성할 책임도 동시에 커지게 됩니다. 위임에서 한발 더 나아가 조직을 잘게 쪼개면, 독립채산제로 운영하는 '셀 경영'도 가능할 것입니다.

조삼모사가 유용한 경우가 있다

◆

조삼모사(朝三暮四)는 중국 고전인 '장자' 편에서 나오는 이야기로 "눈 앞에 보이는 차이만 알고 결과가 같은 것을 모르는 어리석음"을 뜻하는 고사성어로 쓰이고 있습니다. 이는 노사 간 임금협상 과정에서도 어렵지 않게 찾아볼 수 있습니다. 예를 들어, 어떤 구성원이 A를 포기하는 대신 B를 취하는 경우에 대하여 우리는 흔히 "조삼모사인 줄도 모르고, 어리석게"라고 비웃는 경우가 있습니다. 과연, 조삼모사를 모두 어리석은 선택이라고만 할 수 있을까요?

구성원에게 선택권을 부여하는 조삼모사는 유용할 수 있습니다. 유연근무제와 같이 노동시간의 총량이 동일하더라도 개별 구성원의 선호도에 따라서 다양한 옵션을 선택할 수 있는 경우의 조삼모사는 의미가 있습니다.

얼마 전 운송업을 하는 Z사의 구성원들이 교대방식에 불만을 제기하면서 새로운 연봉계약서 체결을 거부한 적이 있었습니다. 회사는 추가적인 비용 부담이 예상되어 선뜻 논의를 진행하지 못하였습니다. 몇 달을 미루다 회사 측과 구성원들이 함께하는 자리가 마련되었습니다. 논의 과정에서 현행 교대방식은 A-C-B 교대방식인데 구성원들은 신체 리듬에 맞춰 A-B-C방식을 선호하는 것으로 파악되었습니다. 두 가지 방식의 노동시간 차이는 없었습니다. 결과적으로 인원과 임금의 변동없이 새로운 근무방식으로 변경할 수 있었고 이는 노사가 모두 만족한 결론이었습니다.

임금은 총량이 절대적으로 중요하지만, 노동시간은 총 시간 못지 않게 타이밍도 고려사항 중에 하나입니다. 과거에 임금은 정기적으로 조정하였지만, 한번 정해진 노동시간은 바뀌기가 쉽지 않았습니다.

| 노동시간 단축 청구권 |

청구 사유	가족 돌봄, 본인 질병·사고, 55세 이상 은퇴준비, 학업
사용 기간	1년(단, 합리적 사유가 있는 경우 2년 범위 연장)
단축 시간	주 15~30시간으로 단축
시행시기	2020.1.1부터 300인 이상 사업장 및 공공기관 2021.1.1부터 30인 이상, 2022.1.1부터 30인 미만 사업장

그러나 몇 년 전부터 임신·육아의 경우에 노동시간 단축이 허용되었고, 2020년 1월부터는 노동자의 생애주기에 따라 노동시간 단축을 청구할 수 있도록 남녀고용평등법이 개정되었습니다.

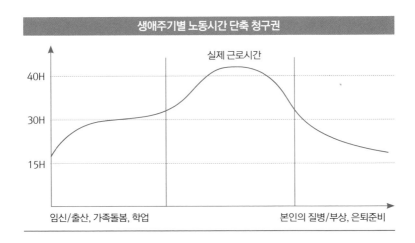

이와같이 노동자가 본인과 가족의 생, 노, 병, 사와 관련한 사정이 있는 경우에 노동시간에 대한 조삼모사는 의미가 있습니다.

같은 것은 같게, 다른 것은 다르게

◆

배우 정우성과 저자의 외모에 차이가 있을까요?

인정하고 싶지 않지만 조금(?) 차이가 나는 것은 사실입니다. 그런데 저자가 "방송사나 광고업계에서는 정우성과 저를 차별대우를 합니다."라고 주장한다면 가족에게도 지지받기가 어려울 것입니다. 차이와 차별은 다음과 같이 정의할 수 있습니다.

차이(Differences): 서로 같지 않고, 다름 또는 그런 정도나 상태
차별(Discrimination): 기본적으로 평등한 지위의 집단을 **자의적인 기준**에 의해 불평등하게 대우하는 것

보통의 회사에서 외모를 이유로 차별하면 안 되지만, 방송 연예계에서 외모를 자의적인 기준으로 보기는 어려울 것입니다. 차별이 만연한 이유는 인간의 본능적인 속성에 기인합니다. 원시사회에서는 생존하기 위해서 적과 아군을 구별하는 능력이 필요했을 것입니

다. 우리는 자신에게 불리한 것들을 제거하면서 살아왔습니다. 구별이 지나치면 차별이 되고 반대적 속성을 지닌 사람들은 피해를 보게 됩니다.

공정한 일터란 '같은 것은 같게, 다른 것은 다르게' 대우하는 곳을 의미합니다. 다시 말해 인적 속성, 능력, 성과가 같으면 같게 보상하고, 이들 요소가 다른 것은 다르게 보상해야 한다는 뜻입니다.

근로기준법 제6조에는 이와 관련한 원칙을 명시하고 있습니다.

근로기준법 제6조(균등한 처우)

사용자는 근로자에 대하여 남녀의 성(性)을 이유로 차별적 대우를 하지 못하고, 국적·신앙 또는 사회적 신분을 이유로 근로조건에 대한 차별적 처우를 하지 못한다.

여기서 균등이란 헌법 제11조 제1항의 평등의 원칙에서 근거합니다. 헌법이 말하는 평등은 모든 사람에게 일체의 차별을 해서는 안 된다는 취지의 절대적 평등이 아니라, 합리적 사유가 있는 경우에는 일정한 차별이 허용된다는 의미의 상대적 평등을 말합니다. 또한 헌법상 평등은 누구에게나 똑같은 기회가 부여되어야 한다는 형식적 기회의 평등뿐만 아니라 개인의 조건이나 한계까지 고려해 기회를 주는 실질적 기회의 평등까지 포함합니다.

많은 기업에서 인사평가를 통해 차등 보상을 실시하고 있습니다. 이는 평가기준이 합리적이라는 전제에서 인정되는 것입니다. 만약에 자의적인 기준으로 평가를 한다면 이는 차등이기보다 차별로 볼 소지가 있습니다.

| 차등 vs 차별 |

균등한 처우	
차등 허용(합리적 기준)	차별 금지(자의적 기준)

일터 내에서 균등의 원칙을 실현해야 하는 이유는 경영자의 사회적 책무이기도 하지만 인적자원의 효율을 극대화하기 위한 '한계효용 균등의 법칙'[◆]을 실현할 수 있는 방안이기도 합니다. 예를 들어 경영자가 실력은 없지만 운 좋게 입사한 구성원에게 높은 처우를 하고, 반대로 업무 성과는 뛰어나지만 여성이나 비정규직이라는 이유로 낮은 처우를 한다면, 이들 구성원들의 한계효용에 큰 차이가 날 수밖에 없습니다. 일터 내에서 개별 구성원의 한계효용이 같아지도록 보상하는 것이 전체 인적자원의 효율성을 높일 수 있는 방안입니다.

일터 내에서 같은 것과 다른 것을 판단해야 하는 시기는 주로 채용, 인사평가, 승진 시 입니다. 이 중 가장 중요한 시기가 채용 시점입니다. 채용 시 직무, 직급, 임금수준 등 주요 근로조건의 큰 틀이

◆ 소비자나 기업 따위가 한정된 자본이나 소득으로 여러 가지 재화를 구입하는 경우, 총효용을 극대화하기 위해서는 각각의 재화로 얻어지는 한계 효용이 같아지는 지점에서 소비를 해야 한다는 경제학의 법칙. 주창자의 이름을 따서 고센(Gossen, H. H.)의 제2 법칙이라고도 한다.

결정되고, 운이 좋은 구성원은 이에 대한 유효기간이 30년 이상 지속될 수 있기 때문입니다. 그러나 채용여부를 결정하는데 소요되는 시간은 30분 남짓에 불과한 경우가 많습니다. 저자도 기업 내에서 채용담당자로서 수많은 면접을 실시했고, 지금도 공공기관에서 면접위원으로 활동하고 있지만 짧은 시간 동안 해당 직무에 적합자를 선별하는데 어려움을 느끼고 있습니다.

　더욱이 최근에 공정성을 높이기 위해 블라인드 채용이 실시되면서 애를 먹는 경우가 더욱 많아졌습니다. 블라인드 채용의 취지는 직무와 관련성이 없는 요소를 제외(-)하자는 것으로 바람직하나, 판단 요소를 축소한 것에 상응하는 추가(+)적인 요소가 마련되지 않은 경우가 많습니다. 이로 인해 인상, 이미지나 언변 등에 의해 당락여부가 좌우되는 경우가 적지 않습니다.

　상당수 기업은 인력 부족으로 인해 '빠른 채용' 이후에 '손쉬운 해고'로 접근하는 경우가 많습니다. 1~2개월만 일하는 알바의 경우뿐만 아니라, 정년이 보장된 정규직 채용에도 시간과 노력을 투자하는데 인색한 기업이 적지 않습니다. 신입사원뿐만 아니라 임원을 채용하는 경우도 크게 다르지 않은 것이 현실입니다. 기업과 직무에 적합한 사람을 잘 채용하면 인사관리의 절반 이상은 해결됩니다. 무엇보다 신중한 채용이 중요합니다. 구성원을 신중하게 채용하고, 일단 채용했으면 구성원의 고용안정을 지키기 위한 노력을 아끼지 않아야 합니다.

"사람 관리의 공정성을 높이기 위해 평가요소를 추가(+)하는 것과 차별요소를 제거(-)하는 것의 균형을 맞춰야 한다."

인사평가를 꼭 해야만 할까?

◆

경영자 측면에서

저자는 회사에서 근무할 때 인사평가업무를 담당하였고, 이후에는 컨설턴트로서 여러 회사의 평가제도 컨설팅을 하였습니다. 그러던 어느 날 컨설팅을 하면 할수록 평가제도가 어렵게 느껴지고, 기업에 꼭 필요한 제도인지에 대해서 근본적인 의문이 들기 시작했습니다. 인사평가를 하지 않아도 잘 나가는 회사가 있고, 수 억짜리 인사평가 컨설팅을 받아도 실적이 나아지지 않는 회사도 있습니다. 그렇다면 인사평가를 꼭 해야만 하는 것일까요?

구성원 측면에서

평가받는 것을 좋아하는 사람은 거의 없습니다. 평가결과가 긍정적이든 부정적이든 관계없이 평가를 받는 것 자체가 상대적으로 약자인 것을 인정하는 불편한 절차입니다. 저자도 회사생활을 할 때 '평가'로 인해 마음이 편치 않았던 적이 한두 번이 아니었습니다. 이와 같이 갈등의 소지가 많은 인사평가를 꼭 실시해야 할까요?

결론부터 말하자면, 인사평가를 반드시 해야 하는 것은 아니지만 인사평가제도가 경영자에게 도움이 될 수 있다고 생각합니다. 왜냐하면, 회사 내에서 일하는 사람들이 모두 열심히 일한다고 하더라도, 개인별 능력의 차이가 있을 수 있고 이로 인해 회사의 실적에 대한 기여도에서도 차이가 발생할 수 있기 때문입니다. 경영학을 배우지 않았더라도 사업적인 감이 있는 경영자라면 우수한 인재가 회사에 오랫동안 머물 수 있게 하는 장치를 마련할 것입니다.

또한 우리는 매일 회사 안팎에서 수많은 사람을 만나면서 그 사람의 외모, 태도, 업무능력에 대해 알게 모르게 평가를 합니다. 다만, 그 내용을 상대방에게 알려주지 않을 뿐입니다. 그러나 어느 날 갑자기 상사로부터 "○○씨는 업무능력이 부족해서 더 이상 같이하기 어렵다."라는 말을 들었다고 생각해 봅시다. 이를 흔쾌히 받아들일 수 있는 사람이 많지 않을 것입니다. 해고나 권고사직을 하는 과정에서 구성원들은 "회사에서 나를 이렇게 평가하는 줄 몰랐다."라는 말을 하는 경우가 종종 있습니다.

근로관계를 지속하기 어려울 정도로 능력이나 성과가 부족한 구성원이 있다면 경영자는 이러한 사실을 알려주고, 이를 만회할 수 있는 기회를 부여해야 합니다. 노사 간 대화의 도구로서 인사평가를 활용할 수 있습니다.

한편, 업무와 관련이 없는 주관적인 기준으로 평가하는 회사, 인사평가 따로 보상 따로인 회사, 특정인을 승진시키기 위해 밀어주기식으로 평가하는 회사와 같이 형식적으로 인사평가를 하는 경우도 적지 않습니다. 이와 같은 회사는 차라리 인사평가를 하지 않는 것이 낫습니다. 평가는 책임이 수반되는 행위이므로, 목적이나 기준이 명확하지 않은 상태에서 실시하는 인사평가는 득 보다 실이 많은 제도입니다.

최선 서로가 납득할 수 있는 인사평가 실시, 차선 인사평가를 하지 않음, 최악 형식적인 인사평가 실시

파레토 최적의 평가제도가 필요하다

◆

인사평가제도는 크게 평가기준(내용적 측면)과 평가과정(절차적 측면)으로 구성됩니다. 내용적 측면을 먼저 살펴보면, 대부분의 회사에서는 인사평가 결과를 S등급~D등급으로 5단계로 나눕니다. 회사의 규모나 업종에 관계없이 5등급으로 구분하는 것이 불문율처럼 전해지고 있습니다. 그러나 회사 규모가 비교적 작은 경우, 구성원 간 역량 차이가 크지 않은 경우, 우수인재 선정 등 특정한 목적을 위한 경우라면 3단계 이하로 구분하는 것도 가능합니다.

그 이유를 파레토의 법칙에서 찾아보고자 합니다. 파레토의 법칙(80-20 Rule)은 '전체 결과의 80%가 전체 원인의 20%에서 일어나는 현상'을 말합니다. 이를 기업에 적용하면 "회사의 매출이나 성과의 80%는 20%의 우수인재로부터 발생한다."라고 볼 수 있습니다. 이에 착안하여 상위 20%에 해당하는 S등급이나 A등급자만 선정하

고 80%에 해당하는 대다수 구성원들은 '평균 수준의 업무'를 수행하는 것으로 간주할 수 있습니다. 이러한 방식은 성과를 지향하는 경영자의 필요성을 충족하면서, 동시에 평가로 인해 발생하는 갈등이나 조직문화 훼손을 줄일 수 있는 방법입니다.

평가의 절차적 측면에서 살펴보면, 회사 내에서 인사평가제도를 개선하는 경우 평가기준을 만드는데 대부분의 시간을 할애합니다. 특정 부서와 직무에 적용할 수 있는 평가기준을 도출하기 위해서 앞서 언급한 역량모델, KPI 등 각종 기법들을 총동원합니다. 이처럼 공을 들여서 평가제도를 만들어 놓고 오래지 않아서 서류철에서 잠자는 경우가 적지 않습니다. 그 이유는 처음부터 현실에 맞지 않는 기준을 설정한 경우도 있지만, 대부분은 시간이 흘러 회사 사정이 달라져서 이전의 잣대로 평가하기가 어려워졌기 때문일 것입니다. 따라서, 특정인의 업무수행 결과를 빠뜨리지 않고 모두 평가하기 위해 노력하기보다는 핵심 업무(80%) 중심으로 평가기준으로 설정하는 것이 바람직합니다.

조금 부족하더라도 다음에 보완할 수 있는 기회를 주면 됩니다. 이를 위해서 평가자와 피평가자가 지속적으로 의견을 나눌 수 있는 절차를 마련해야 합니다. 인사평가 결과에 대한 통보만 하는 것이 아니라, 피평가자의 성과를 대변할 수 있는 평가기준을 만들기 위해 평가자와 피평가자 간 치열한 논의가 필요합니다. 처음 한두 번 시행착오를 거치다 보면, 서로가 인정할 수 있는 기준이 마련될 수 있을 것입니다. 제도 설계단계에서 평가기준에 너무 힘을 빼기보다는 오히려 제도는 간결하게 설계하고, 평가기준을 지속적으로 수정할 수 있도록 피드백 절차를 명확히 정하는 것이 바람직합니다.

"평가기준은 심플하게, Review는 지속적으로"

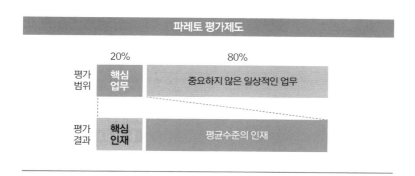

입사 시 사람·인(人) 평가
근무 중 업무·사(事) 평가

◆

인사평가를 할 때 평가자가 가장 많이 저지르는 실수가 '인적 속성'에 기인한 오류입니다. 평가자의 주관적 판단을 제한하기 위해서 평가제도를 만들거나 개선할 때 '역량 모델(Competency Model)'과 같이 표준화된 모델을 많이 사용합니다. 그러나 '역량'의 모호성 때문에 평가자에 따라 역량을 다르게 볼 수 있습니다. 또한 이를 바로잡기 위해서 평가자를 교육하는 경우가 많은데, '주관'과 '객관'의 경계가 명확하지 않아서 근본적인 대책이 될 수 있는지가 의문입니다.

저자는 이를 제도적으로 해결하기 위해서 인사평가 항목에서 인적인 요소를 제외하고, 직무와 관련된 성과만 평가하는 방안을 제안합니다. 다시 말해 인사평가의 주요 항목인 태도, 역량, 성과평가 중 태도와 역량을 제외하고 업무수행 결과인 '성과'만 평가하는 것입니다. 인적 속성과 관련된 태도와 역량 항목을 제외하여 자의적 평가의 가능성을 원천적으로 차단하는 것입니다.

그렇다면 태도와 역량은 평가할 필요가 없는 것일까요? 그렇지 않습니다. 태도, 역량, 성과 중 가장 영향력이 큰 항목은 태도입니다. 그러나 태도는 개선이 어렵기에 구성원을 채용할 때 태도 중심으로 평가하여, 회사의 인재상에 맞는 구성원을 채용해야 합니다. 주요 대기업의 채용 시 평가기준 중 태도와 관련된 항목이 상당한

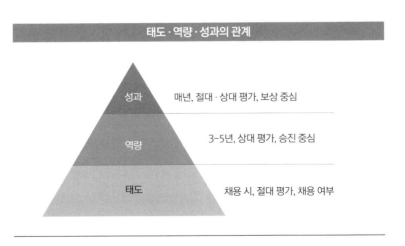

태도 · 역량 · 성과의 관계

성과	매년, 절대 · 상대 평가, 보상 중심
역량	3-5년, 상대 평가, 승진 중심
태도	채용 시, 절대 평가, 채용 여부

비중을 차지합니다. 그리고 역량이나 능력은 구성원의 승진 여부를 결정할 때 고려할 수 있습니다.

우리가 자주 사용하는 인사(人事)라는 단어는 사람과 일로 구분할 수 있습니다. 구성원이 회사에 들어올 때는 사람 인(人)을 평가하고, 근무 중에 업무 사(事)를 평가해야 합니다.

공정한 보상

우리 회사에 적합한 임금체계를 만들자

◆

경영자가 임금체계를 개편하고자 하는 목적을 크게 두 가지로 생각해 볼 수 있습니다.

첫째, 경영환경에 적절한 임금수준을 정하는 것(경영자와 구성원 간 배분)

둘째, 일 잘하는 구성원이 조금 더 많은 몫을 받을 수 있게 하는 것(구성원 간 배분)

학술적으로 임금체계는 두 번째 목적을 의미하지만, 실무적 관점에서는 임금수준과 임금항목까지 포함하여 논의하는 경우가 많습니다.

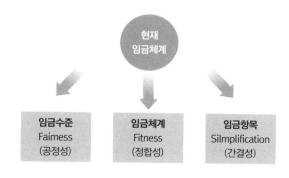

1. **임금수준**: 경영자와 구성원 간 배분

경영자는 경영환경과 임금수준이 연결되기를 원합니다. 고정적인 임금 인상을 최소화하고 경영실적과 연동되는 변동 임금을 늘리는 방식을 선호하는 것이지요. 이러한 방식은 급변하는 환경변화에 따른 경영의 Risk를 줄일 수 있습니다.

얼마 전 카센터에서 일하던 정비사 2명이 해고를 당했다며 저를 찾아왔습니다. 카센터를 찾는 고객 수가 정체되자, 대표자는 정비사의 임금형태를 월급제에서 성과급제로 변경을 제안하였고, 구성원들이 이를 거부하자 이들을 해고하였습니다. 규모가 크지 않은 사업장에서는 손익을 계산하기가 어렵지 않기 때문에 경영자는 구성원의 임금수준에 민감합니다. 최근에는 카센터뿐만 아니라 금융기관, 학원, 헤어숍 등에서 성과급제 계약을 하는 경우가 종종 있습니다.

2. 임금체계: 구성원 간 배분

임금체계를 개편하는 둘째 목적은 기업 내에서 일을 잘하고 능력이 뛰어난 구성원에게 조금 더 많은 몫이 돌아갈 수 있도록 하는 것입니다. 이는 임금의 대내적 공정성을 높이는 것입니다. 구성원은 동료와의 임금 비교를 통해서 회사 내에서 본인의 위치를 파악하려는 경향이 있습니다. 뚜렷한 이유 없이 동료에 비해 낮은 임금을 받는다고 생각하게 되면, 업무에 대한 몰입도가 떨어지고 머지않아서 퇴사로 이어질 가능성이 높습니다.

'임금체계'하면 호봉제나 연봉제가 가장 먼저 떠오릅니다. 이와 같은 유형이 우리나라의 대표적인 임금체계이기 때문입니다. 구성원 입장에서는 임금의 변동성이 높은 연봉제보다 지속적으로 임금이 상승하는 호봉제를 선호하는 경향이 높습니다. 그러나 호봉제는 근속이 누적됨에 따라 업무 능력이 지속적으로 향상된다는 것을 전제로 하고 있습니다. 하지만 최근에는 기술의 진전으로 인해 직무 자체가 달라지는 경우가 늘어나고 있습니다. 이전에 수십 명이 며칠동안 하던 업무를 이제는 클릭 몇 번으로 손쉽게 끝내기도 합니다. 이러한 작업환경의 변화는 전통적 임금체계인 호봉제의 설 자리를 점점 좁아지게 하고 있습니다.

일본인 '혼조 다스쿠'가 2018년 노벨 생리의학상을 수상했다는 뉴스를 접했습니다. 언론에서는 일본인의 노벨상 수상에 대한 부러운 시선과 함께 "우리나라는 언제 노벨상을 받을 수 있을까?"라는 아쉬움을 드러내더군요. 문득 이런 생각이 들었습니다. "만약 노벨상 수상자가 엄격한 연봉제를 실시하는 회사에서 근무했다면, 그는 지속적으로 고성과자이었을까?" 분기, 반기 단위로 성과를 측정하는 연봉제에서는 장기간 연구에 몰두하기가 쉽지 않았을 것 같습니다.

그러나 회사 규모가 작거나 새롭게 시작하는 회사에서는 대부분 연봉제를 선택합니다. "연봉제는 임금체계가 아니다."라는 것이 학계의 입장이나, 이론적인 구분은 크게 중요하지 않습니다. 왜냐하면 대부분 회사의 연봉제는 연공, 직무, 역량, 성과 등의 요소가 섞여 있는 '혼합형 연봉제'이기 때문입니다. 우리 회사에 적합(fit)한 임금체계를 만든다는 것은 경영환경·조직구조·작업환경 등에 따라 연공·직무·성과 등의 비율을 적절히 조정한다는 의미일 것입니다.

3. 임금의 구성항목

저자가 컨설팅을 했던 회사 중 수당 항목이 30개가 넘는 경우도 있었습니다. A수당을 지급하는 이유를 물어보면, 인사담당자가 제대로 답변하지 못합니다. 이런저런 이유로 수당을 추가하다 보면 계속적으로 늘어날 수밖에 없고, 사유가 소멸되어도 해당 수당을 없애는 것이 쉽지 않습니다. 통상임금 소송 등 임금 관련 분쟁이 끊이지 않는 이유는 임금항목이 복잡하게 구성되었기 때문입니다. 심지어 어떤 학자는 "한국의 임금체계는 걸레다."라고 극단으로 표현하기도 했습니다.

임금체계의 개편 목적을 다시 한번 생각해 볼 필요가 있습니다.

조직 구성원 간 공정한 배분을 목적으로 하는데 복잡성이 개입되면 공정성과 거리가 멀어집니다. 다양한 상차림으로 오감을 자극하는 한정식은 훌륭한 한 끼입니다. 그러나 정성이 많이 들어가고, 낭비 요소가 있어서 일상생활에서 자주 접하기가 어렵습니다. 환경변화에 취약한 회사일수록 불필요한 수당은 기본급으로 통합하고 기본(Main Dish)에 충실하게 임금을 구성하는 것이 바람직합니다.

4. 임금체계 개편 절차

현재의 경영환경과 임금체계가 맞지 않는 경우 어떻게 개편해야 할까요? '임금의 비가역성'이라는 특성상 현재의 임금수준을 무시하고 원점에서 다시 출발하는 것은 노사 모두가 받아들이기 어렵습니다. 혁명보다 개선하는 방식으로 접근해야 합니다. 맹목적으로 외국이나 대기업의 베스트 프랙티스(Best Practice)를 따라 하기보다는 우리 회사만의 고유한 레시피(Recipe)를 만들어야 합니다. 이를 위해서는 경영자는 구성원의 몸과 마음을 움직이는 동인(動因)을 관찰하고, 이를 임금 결정요소에 반영해야 합니다.

결국 좋은 임금체계란 경영자가 임금의 결정요소가 무엇인지 명확히 인식하고 이를 기준으로 구성원에게 구성원 간 임금격차를 설명할 수 있어야 합니다. 아울러 구성원은 이러한 배분구조를 잘 이해하고 기꺼이 받아들일 수 있는 구조를 만들어야 합니다.

연봉을 협상할 것인가? 통보할 것인가?

◆

기술직이나 사무직의 임금을 연봉제로 운영하는 회사가 많습니다. '연봉제'라고 하면 1년 단위로 임금총액을 결정하는 제도로 이해하는 경우가 많은데, 이는 미국의 Merit Pay System에 기반한 것으로 직무 수행결과에 따라 임금을 결정한다는 의미에서 '성과 연봉제'라고 표현하는 것이 보다 적합할 것입니다.

연봉제와 관련해 자주 접하는 뉴스는 "해외 스포츠 스타가 수천만 달러에 연봉계약을 체결했다."는 이야기입니다. 이러한 뉴스의 영향으로 인해 노사 모두가 "연봉 협상을 해야 한다"는 생각을 하는 경우가 많습니다. 그러나 현실에서는 협상다운 협상을 하는 곳이 많지 않습니다. 오히려 경영자가 제시한 금액을 구성원이 수용할지 Yes or No 형식을 취하는 경우가 많습니다. 이런 경우에는 '연봉 협상'이라기보다는 '연봉 통보'에 가까운 것입니다.

정확한 통계는 아니지만 저자가 접해 본 기업 중 정식적으로 연봉협상을 하는 곳은 10% 미만으로 추정됩니다. 대다수 기업은 경영자가 '연봉 통보'하는 방식을 취하고, 극소수 기업은 아무런 통보 절차도 없이 구성원이 통장에 입금된 금액이 달라진 것을 확인하고 비로소 연봉이 변경된 것을 아는 경우도 있습니다.

그렇다면 프로 스포츠 선수들은 역동적으로 연봉을 협상하는데 반해, 경영자와 구성원의 연봉협상이 소극적인 이유는 무엇일까요? 그 이유는 다음과 같습니다.

첫째, 프로 스포츠에서는 개인별 실적이 명확합니다.

프로야구 선수는 타율, 방어율 등 각종 실적 지표가 있고, 그 외의 종목에도 다양한 측정 지표가 세분화되어 있기에 선수의 팀 기여도뿐만 아니라 향후 활약상을 예측하는 것이 가능합니다. 이에 반해 기업에서 실시하는 인사평가제도는 아무리 정교하게 설계한다고 하더라도 객관성이나 신뢰성에 대한 시비가 끊이지 않습니다.

둘째, 프로 스포츠는 협상 당사자 상호 간 선택의 폭이 넓습니다.

스포츠 선수의 연봉협상은 금액에 대한 조율뿐만 아니라 계약 자체를 체결할지 여부도 결정할 수 있습니다. 다수의 팀과 선수가 동시 다발적으로 협상하기도 합니다. 그러나 기업에서는 구성원의 계속 근로를 전제로 하여 연봉 금액에 국한하여 논의하게 됩니다.

셋째, 프로 스포츠의 경우 협상권자가 직접 협상에 나섭니다.

연봉 협상 시 구단주 또는 대리인이 선수 또는 에이전트와 직접 협상을 진행합니다. 협상에 임하는 자는 협상권을 가지고 있기에 활발한 논의가 진행될 수 있습니다. 이에 반해 중견기업 이상의 기업은 중간 관리자와 구성원이 연봉에 대해 논의하는 경우가 많은데, 중간 관리자에게 협상권이 없는 경우도 적지 않습니다.

구성원의 역량 차이가 큰 기업에서는 전통적인 연봉제를 실시하면서 연봉 협상을 하는 것이 적합하나, 형식적인 연봉제를 실시하는 경우에는 협상의 여지나 근거가 부족하여 협상 절차를 마련하기가 쉽지 않은 것이 현실입니다.

| 연봉 결정방식의 구분 |

연봉 협상이 적합한 경우	연봉 통보가 적합한 경우
• 개인별 성과나 능력 차이가 비교적 크다 • 평가제도에 대한 구성원의 신뢰가 높은 편이다 • 연봉 결정 권한을 가진 사람이 협상에 임한다	• 개인별 연봉 차등 폭이 크지 않다 • 인사평가를 하지 않거나, 형식적으로 이뤄진다 • 연봉이 자동적·일률적으로 결정되거나, 경영자가 결정한다

상당수 기업에서 연공급의 안정성에 성과 차등을 가미한 형태의 형식적 연봉제(혼합형)를 운영하고 있습니다. 형식적 연봉제에서는 연봉 통보가 적합하나, 통보 방식의 불친절함을 보완하기 위해서 연봉 결정의 투명성을 높여야 합니다. 경영자가 개인별 연봉액을 임의로 결정하기보다는 일정한 연봉 결정공식이나 원칙을 공식화할 필요가 있습니다. 협상이 어려운 경우에는 구성원의 예측 가능성을 높이는 것도 방법입니다.

이처럼 모든 기업에서 반드시 '연봉 협상'을 해야 하는 것은 아닙니다. 그러나 일부 경영자는 연봉 협상을 꼭 해야 하는 것으로 오해하여 이에 대해 부담을 느끼는 경우가 있습니다. 그래서 구성원에게 연봉 협상한다고 말하고 실제는 통보만 하는 어정쩡한 방식을 계속 반복하고 있습니다. 우리 회사에는 협상이 적합한지 통보가 어울리는지를 생각해보고, 이에 맞는 용어를 사용해야 합니다.

월급제가 좋을까? 시급제가 나을까?

◆

얼마 전 경기도 화성에 있는 P사의 임금체계 개편에 대해 상담을 한 적이 있습니다. 이전에 기능직 노동자의 임금을 시급제에서 월급제로 변경을 하였는데, 최근에 다시 시급제로 돌아가자는 목소리가 높아져서 이에 대한 검토를 요청하였습니다. 많은 중소기업에서 월급제와 시급제를 혼용하여 사용하고 있고, 월급제와 시급제의 개념을 혼동하는 경우도 적지 않습니다.

'월급제'란 월 단위로 고정적인 기본급을 지급하는 형태이며, 시급제는 시간 단위로 임금을 지급하기에 매월 노동시간에 따라 기본급이 변동되는 임금형태입니다. '월급'='임금'으로 사용하는 경우가 많습니다. 그만큼 월급제가 보편적이고 전통적인 임금형태라는 의미겠지요. 금융 위기 이후 연봉제를 실시하는 기업이 늘어나면서 연봉제를 월급제와 구분하여 보는 시각도 있으나, 연봉제는 평가에 따라 연간 임금총액을 결정하는 방식으로 상호 배타적인 개념은 아닙니다. 월급제이면서 연봉제인 경우도 많습니다. '월급 = 연봉 ÷ 12'라고 표현하는 것도 이와 같은 맥락입니다.

이러한 이유로 월급제와 대조되는 개념은 연봉제보다는 시급제를 언급하는 것이 적절합니다. 시급제는 과거에 제조업의 기능(현장)직 노동자에게 적용되는 임금형태였으나, 최근에는 서비스업에서도 널리 사용하고 있습니다. 같은 회사에서도 사무직에는 월급제를, 기능직에는 시급제를 적용하는 경우가 많습니다. 그렇다면 이러한 구분은 어떠한 기준을 근거로 해야 하는 것일까요?

일하는 사람의 유형을 아래와 같이 세 가지로 나눠 볼 수 있습니다.

수준 1. 정해진 일을 하는 사람
수준 2. 정해진 일 + 시키는 일을 하는 사람
수준 3. 알아서 일하는 사람

'정해진 일을 하는 사람'은 근로계약 시 담당 업무로 한정하여 일하기 때문에 업무의 범위가 상대적으로 좁고, 일하는 과정에서 변동 가능성이 높지 않은 직무를 수행하는 사람을 말합니다. 이들의 업무 결과는 노동시간에 비례하여 달라지기에 '시급제'가 적합한 임금형태입니다.

'정해진 일 + 시키는 일'을 하는 사람은 본인에게 주어진 일뿐만 아니라, 상황에 따라 경영자가 지시하는 업무를 수행하기에 역동적인 업무 특성을 띠고 있습니다. 이들의 업무 결과도 노동시간에 영향을 받지만, 개인별 역량이나 업무환경에 따라 달라지는 경우가 많습니다. 이에 대한 보상은 포괄적인 형태의 '월급제'가 더 어울릴 것입니다.

'알아서 일하는 사람'은 경영자나 관리자가 가장 이상적으로 꼽는 인재상입니다. 리더의 의중을 파악하여 시기나 절차적으로 정확하

게 업무를 수행한다면 이보다 사랑스러운 구성원은 없을 것입니다. 그러나 현실에서 이러한 유형의 구성원을 찾아보기가 쉽지 않습니다. 이는 사용 종속을 전제로 하는 '근로계약'보다는 일의 완성을 목적으로 하는 '도급계약'에 적합한 유형입니다. 이들은 일정기간 동안 직장생활을 거친 후 알아서 사업을 차리는 경우가 많습니다.

앞서 언급한 P사의 기능직은 정형적인 업무를 수행하므로 시급제가 적합한 유형이나 시시때때로 발생하는 연장근로를 미리 반영하여 포괄임금형태의 월급제로 변경했던 것입니다. 월급제로 전환한 이후 노사 모두 불만이 늘어났습니다. 경영자는 구성원이 예전과 달리 연장근로를 기피하는 것이 못마땅했습니다. 구성원들은 꾀부리고 일찍 퇴근하는 사람이나 묵묵히 늦게까지 일하는 사람의 월급이 동일하다는 것에 불만을 가지게 되었습니다. 이러한 갈등이 발생한 이유는 P사 기능직은 정해진 일만 수행하면 된다고 생각하는데, 월급제로 전환하면서 구성원들이 알아서 추가적으로 일하라는 경영자의 주문이 통하지 않은 것입니다.

따라서 정형적 업무는 시급제를, 비정형적 업무는 월급제를 적용하는 것이 적합하며, 도중에 임금형태를 바꾸는 경우에는 변경 취지를 구성원에게 명확히 알려줘서 임금의 변화만이 아니라 일하는 방식에 대한 변화를 이끌어내야 합니다.

인센티브는 약일까? 독일까?

◆

인센티브, 성과급제도는 경영자나 구성원에게 매력적인 제도입니다. 경영자는 구성원의 동기부여를 유인할 수 있고, 구성원은 추가적인 금전을 확보할 수 있는 유용한 도구입니다. 그럼에도 불구하고 인센티브제를 활용하는 빈도가 높지 않고, 오히려 이와 관련한 분쟁이 자주 발생하는 이유는 무엇일까요?

첫째, 인센티브는 사람을 계산적으로 만듭니다.

인센티브 지급은 일정한 조건을 전제로 하기에 인센티브를 실시하면 서로가 이해득실을 따지게 됩니다. 사람의 행동을 부추기는 동기는 내재적 동기와 외재적 동기로 구분되면 대다수 사람들은 이들이 상호 보완적이라고 생각합니다. 그러나 취리히대 브루노 프레이 교수는 "얼마를 받을지 헤아리기 시작하면 일을 좋아하는 마음이 줄어들거나 아예 사라진다. 결국 돈이 기쁨을 죽이는 것이다."라고 하였습니다.

예를 들어, 선의로 A라는 업무를 수행했는데, 이에 대한 인센티브를 지급받게 된다면, 이후에 A 또는 A'업무를 수행하려고 할 때 일의 목적보다는 이번에도 인센티브를 받을 수 있을까? 에 관심이 쏠릴 수밖에 없습니다. 따라서 외재적 동기보다는 구성원의 마음을 움직일 수 있는 방법을 먼저 찾

아야 합니다.

둘째, 불투명한 기준이나 일방적인 운영은 노사 간 신뢰를 떨어뜨립니다.

사업활동을 통해 얻은 이익이 얼마인지를 투명하게 알려주고, 이를 토대로 인센티브 배분기준을 구성원과 함께 정할 수 있다면, 구성원의 지지를 받을 수 있습니다. 그러나 경영자가 인센티브제를 정할 때 객관적인 Data나 일정한 기준 없이, 마치 선심 쓰듯이 일방적으로 배분하겠다는 식으로 정하는 경우가 많습니다. 이와 같은 경우는 나중에 다툼의 소지가 될 수 있습니다.

최근 들어 공공기관이나 대기업의 구성원과 회사 간에 인센티브(성과급)를 둘러싼 소송이 늘어나고 있습니다. 구성원의 동기 부여를 목적으로 지급하는 인센티브가 오히려 노사 간 신뢰를 훼손하는 불씨가 된 것이죠. 사람들은 이제 "과연 누가 소송의 승자가 될 것인가?"에만 관심을 보이고 있습니다. 처음부터 '인센티브 = 동기부여'의 공식이 맞기는 한 것인지에 대한 근본적인 의구심이 듭니다.

10여 년 전 저자가 노무법인을 막 시작했던 무렵에 지각을 자주 하는 구성원이 있어서 신경이 쓰였습니다. 이를 해결하고자 해당 구성원에게 다음과 같은 인센티브를 제안하였습니다.

"월 3회 이상 지각하지 않으면 매월 개근수당을 지급하겠습니다. 만약 지각 횟수가 3회를 넘어가면, 급여에서 공제를 하겠습니다."

2번쯤 지각해도 수당을 받을 수 있는 조건이기에 구성원에게 불리할 것이 없다는 생각으로 제안하였으나, 해당 구성원은 이를 받아들이지 못하고 얼마 후 퇴사를 하였습니다. 당시에는 해당 구성원의 행동이 이해가 되지 않았으나, 곰곰이 생각해 보니 구성원은 (+) 보다 (-)에 보다 민감할 수 있고, 저의 일방적인 기준에 불만을 가질 수도 있겠다는 생각이 들었습니다.

> 이스털린의 역설(Easterlin's paradox) "소득이 일정 수준에 도달하고
> 기본적 욕구가 충족되면 소득이 증가해도 행복에는 큰 영향을 끼치지 않는다."

이제는 합의형 문서를 만들자

◆

몇 해전 경기도 용인에 위치한 T식품가공업체 대표자가 근로계약서와 취업규칙 작성을 도와달라고 요청해 왔습니다. 구성원 수가 적어서 근로계약서를 작성하지 않았는데, 퇴사한 구성원이 고용노동부에 민원을 제기한 사건이 발생하여 이 참에 근로계약서를 작성하겠다고 했습니다. 미팅 후 초안을 만들어서 재방문하려고 했는데 그 사이 컨설팅을 취소해달라는 연락이 왔습니다. 그동안 구성원들과 가족처럼 끈끈하게 지냈는데, 계약서를 작성하면 아무래도 형식적인 관계로 바뀌게 될 것 같아 우려된다고 하더군요.

생각해 보면, 가족 구성원과는 계약서를 작성하지는 않습니다. 서

로에 대한 암묵적인 믿음이 있기 때문입니다.(가끔 예외는 있습니다. 저도 아내에게 각서를 써준 적이 있습니다.) 경영자와 구성원 간에도 가족처럼 돈독한 사이가 있습니다. 그러나 이러한 관계는 흔치 않고 일시적일 가능성이 큽니다. 문서화된 계약서를 작성하면 딱딱하고 형식적인 관계로 보일 수도 있으나, 법적 안정성을 높여줄 뿐만 아니라 명시된 약속을 지키기 위해 서로가 노력을 하게 됩니다. 그러나 근로계약서를 작성하지 않은 경영자는 이번 한 번만 그냥 넘어가자는 유혹에 빠지기 쉽습니다.

"내용이 우선이나 때로는 형식이 내용을 강화합니다."

　얼마 전 모 중소기업 인사담당자가 취업규칙 작성에 대해 전화상으로 문의해 왔습니다. 작성 절차와 비용을 안내하자, 절차를 생략하고 노무사인 제가 알아서 작성을 해달라고 주문하더군요. 회사에 대해 아는 것이 전혀 없는 제가 어떻게 회사의 규칙을 만들 수 있을까요? 인사담당자가 필요했던 것은 규정의 내용이 아니라 책장에 꽂아 놓을 '규정집'이었습니다.

　몇 년 전 C사의 현황 점검을 나간 적이 있었습니다. C사에서 제시한 취업규칙의 명칭을 보니, 'C사 취업규칙'이 아니라 그냥 '표준 취업규칙'이었습니다. 고용노동부는 노동법에 익숙하지 않은 중소기업을 위해서 '표준 근로계약서'나 '표준 취업규칙'을 배포합니다. 표준안이 있으면 개별 문서를 작성하기가 용이하기에 작성자에게 심리적인 안정감을 줍니다. 그러나 표준(Standard)은 최소한의 기준이나 예시에 불과합니다. 표준 체형을 지닌 사람이 별로 없듯이 노사관계에서 표준은 상상 속 이미지에 불과하고 개별 회사가 처한 현실은 다를 수밖에 없습니다.

그리고 노사관계에서 발생하는 대부분의 문제는 표준의 범위에서 벗어나 있습니다. 더 이상 표준에 집착하지 말고 회사의 핵심가치, 경영자의 생각, 구성원의 바람이 포함된 역동적인(Interactive) 문서를 만들어야 합니다. 경영자의 일방적인 명령만으로 구성원의 자발적인 참여를 이끌어내기에는 한계가 있습니다. 경영자가 작성 후 사후 동의를 받는 것에서 나아가 구성원이 직접 참여하여 합의형 문서를 만들어야 합니다.

| 표준 문서와 합의형 문서 비교 |

구분	표준 문서	합의형 문서
취업규칙	법정 필수사항 중심으로 규정	회사의 핵심 가치나 구성원의 행동지침 등을 규정
근로계약서	노동시간 및 임금 중심 구성 부가적인 내용은 취업규칙에 따름	준수사항이나 휴가 등 부가적인 근로조건도 자세히 명시
직무/평가 계획서	전사-부서 목표와 연계성 중시(Top Down)	경력 계획 등 자기계발계획 반영 (Bottom Up)

"표준화 문서를 넘어서 이제는 합의형(Interactive) 문서를 만들어야 한다"

법 전문 노무사 vs 겁 전문 노무사

얼마 전부터 배가 아파서 동네 의원을 찾았습니다. 젊은 의사 선생님이 심각한 표정으로 이렇게 얘기하였습니다.

"복통, 우습게 보고 가만히 놔두면 큰일 납니다. 원인이 수 백개가 넘으니까 상태가 안 좋아지면 바로 응급실로 가세요."

그 말을 듣고 덜컥 겁이 나서 바로 건강진단을 실시하였습니다. 이후에도 증상이 계속되어 몇몇 병원을 전전하다가 마지막에는 대학병원까지 찾게 되었습니다. 연륜이 있어 보이는 의사 선생님이 내 배를 몇 번 눌러보더니 무겁게 말문을 열었습니다.

"이건 고칠 수 있는 병이 아닙니다."

찌릿한 긴장감이 내 몸에 퍼지려는 순간, 의사 선생님이 말을 이었습니다.

"과민성 대장증후군입니다. 병원에 오지 말고, 그냥 마음 편하게 사세요."

그 말을 듣는 순간 속이 펑 뚫린 느낌이 드는 걸 보니, 과민성이 맞긴 한가 봅니다.

저는 조금은 늦은 30대 중반에 노무사 시험에 합격한 후 동기 노무사 3명과 함께 노무법인을 개업하였습니다. 함께 일을 하다 보니, 공부할 때 몰랐던 개개인의 성향들이 드러나기 시작했습니다. 동료들은 Y노무사를 '법 전문 노무사'로 불렀습니다. 노무사의 업무가 노동법을 기초로 하기에 '법 전문'이라는 말이 당연한 것으로 들릴 수 있으나, Y는 노동법 학원의 강사로 활동하면서 법 조문 내용뿐만 아니라, 몇 조 몇 항 인지 세세한 문구까지 속속들이 외우고 다녔습니다.

한편, J노무사는 고객과의 첫 상담 시부터 이런 식으로 말하곤 했습니다. "회사에서 퇴직금을 늦게 지급하면, 3,000만원의 벌금을 낼 수 있습니다." 면담의 결과는 대부분 계약 체결로 이어졌습니다. 우리는 J를 '겁 전문 노무사'라고 불렀습니다. J의 실력이 Y보다 조금 부족할 수도 있으나, 법인의 운영에는 J가 훨씬 큰 도움이 되었습니다.

앞서 언급한 여러 가지 가능성을 나열한 젊은 의사와 겁 전문 노무사가 왠지 닮아 있는 것 같습니다. 전문가란 특정분야에서 A~Z까지 모든 경우의 수를 알고 있는 사람입니다. 그러나 이를 문외한 고객에게 그대로 전달하는 것이 바람직한가에 대한 의문이 듭니다. 전문가는 고객의 이익을 위해 신의 성실하게 일해야 합니다. '공인' 또는

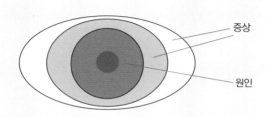

증상

원인

'전문'이라는 말에는 자격증 이상의 무거운 책임이 뒤따라야 합니다.

정보에 대해 일반인이 쉽게 접근할 수 있게 되면서 전문가의 설 자리가 점점 줄어들고 있습니다. 저는 스스로에게 물어봅니다.

"현상만 나열하는 사람이 될 것인가? 정보를 취합하여 구체적인 방향이나 대안을 제시하는 사람이 될 것인가?"

지금까지 '균형일터'는 일터에서 일어나고 있는 균열 현상에 대해 저자가 하고 싶은 이야기를 펼쳐 놓은 것입니다. 구성원 시각에서 볼 때 부족하고 경영자 입장에서 볼 때 지나친 이야기로 비춰져 그 누구에게도 환영받지 못할 수 있다는 걱정이 앞섭니다. 그러나 흑 과 백이 만나면 꼭 회색만 되어야 하는 것은 아닐 것입니다. 서로의 존재를 그대로 존중하면서 상호 공존할 수 있는 일터를 만들 수도 있지 않을까요?

"나는 나의 일을 통해 일터 내 구성원들에게
작은 울림을 만드는 사람이 되고 싶다."